¡No disparéis contra Caperucita!
Julián Ibáñez

Gran Angular

ediciones SM   Joaquín Turina, 39 - 28044 Madrid

Primera edición: marzo 1997
Quinta edición: marzo 2000

Dirección editorial: María Jesús Gil Iglesias
Fotografía de cubierta: Javier Calbet
Diseño de cubierta: Estudio SM

© Julián Ibáñez García, 1997
© Ediciones SM, 1997
   Joaquín Turina, 39 - 28044 Madrid

Comercializa: CESMA, SA - Aguacate, 43 - 28044 Madrid

ISBN: 84-348-5282-9
Depósito legal: M-9043-2000
Preimpresión: Grafilia, SL
Impreso en España/*Printed in Spain*
Imprenta SM - Joaquín Turina, 39 - 28044 Madrid

No está permitida la reproducción total o parcial de este libro, ni su tratamiento informático, ni la transmisión de ninguna forma o por cualquier medio, ya sea electrónico, mecánico, por fotocopia, por registro u otros métodos, sin el permiso previo y por escrito de los titulares del *copyright*.

A la salud de
Breivibta Enantekia Amenselka

El Hombrecito

acoger
recoger - (cosecha) collect/pick up
recogido - quiet/secluded
recogedor - dustpan
algas (algae)
atar - con cuerda
travesía de hormigón
　　　　　　　　／slap
　　　viga = beam

= burla (ír) = aleja + avispa
rumbo a →

desarollar
perejil - verde para sazonar
perfil -

Y así *terminó* la indicada historia.

Porque, consejero, *terminó*, se acabó. *Llegó a su fin.*

Y, por primera vez en muchos meses, me sentí tranquilo, como flotando, dueño y señor de todas las claves, el primer *sapiens sapiens* que había descubierto los mecanismos profundos del Universo.

Zumbó en mi oído la voz del Ser Supremo:

—*¿No estás exagerando?*

—Bueno... Nadie me está escuchando, sólo vos, Alteza.

—*¿Todo este rollo para decir que te gustaba la chica?*

—Sí, Alteza, me gustaba mucho... A pesar de su boca un poco grande.

—*¿Boca grande? ¿La desearías un poco más pequeña, tal vez?*

—Si es posible, Alteza.

—*Humm. No sé si me queda ese modelo.*

La carta no tenía remite y en el sello se veía el perfil de un anciano, la bandera con la cruz blanca y la palabra Suomi. Era un sobre alargado, algo más grande de lo

7

normal, azul, y parecía contener una postal, porque era rígido.

Ufff, vecino, me invade la melancolía. Pero soy un tipo rudo y no me verás escuchar a Beethoven gimoteando en la cama con las ventanas entornadas.

Mi nombre es ACCIÓN.

Exacto, he dicho que todo *terminó*, en pasado, porque la historia había comenzado un año antes, cuando yo curraba en la costa de Almería en la recogida de *Gelidium oceanica* (alga roja), haciendo trabajar a mis esforzados pulmones.

Rasgué el sobre y comprobé que no eran postales, sino fotografías, sólo dos.

En una de ellas aparecía toda la tripulación del *Alavus*, en cubierta, con la costa al fondo, sacada desde la *zodiac* seguramente; *ella* abrazaba a su padre por la cintura y éste le pasaba una mano sobre los hombros, y el resto de la tripulación mostraba la habitual expresión de *bulldog*.

La otra era una vista aérea de una parte de la bahía de Almería. No comprendía el significado de esta segunda fotografía y estuvé casi tres horas dándole vueltas a la mollera, con el mapa extendido sobre el capó de *Espanto*, hasta que por fin encontré la clave con la que logré recomponer todo el rompecabezas.

En el reverso de la primera fotografía había escrito, con letra picuda, ¡todavía infantil!, el nombre y el primer apellido de todos los tripulantes del *Alavus*, incluido el suyo. Y en el reverso de la segunda fotografía había puesto, ahora en una pulcra y cuidada redondilla, el famoso dicho local con el que practicaba el español, que había sido una especie de mensaje secreto, íntimo, entre nosotros:

> *San José y la gata*
> *orinan,*
> *ella en la garrafa,*
> *él en la mina.*

Como lo lees.

Quizás te sorprenda que al principio lo interpretara como una declaración de amor (¡ufff!) y aún hoy, después de tanto tiempo, me pongo cardiaco siempre que en mi mente suena ese "estribillo: *San José y la gata orinan...* Pero no, estaba equivocado, no era una declaración de amor.

En fin, como ya te he dicho, con la llegada de aquella carta terminó la historia.

Bueno, echo el freno porque me estoy anticipando. Un sabio dijo que hay que empezar por el principio. ¿No es así?

Será mejor que comience a largarte, siguiendo un orden, todo lo que sucedió.

La historia comenzó con la impresión más grande que he recibido en mi vida. Empleo la palabra impresión y no *susto* porque esta última me haría sentir como un niño. Retrocedamos unos once meses en el tiempo, para encontrarnos a finales de mayo. Y situémonos a un par de millas mar adentro, casi a la altura de Aguadulce, en la

9

costa de Almería. Sumerjámonos ahora unos ocho metros y sentémonos sobre una roca. Así me encontraba yo, dentro de un traje de goma recauchutado, con gafas de buceo, un cinturón de plomo y una boquilla conectada por una goma, calibre 3, al compresor de gasolina de la *Aurora*. Con la mano derecha arrancaba *Gelidium oceanica* y la introducía en la red que sostenía con mi mano izquierda. Así durante cuatro horas al día. Cuando la red estaba llena, tiraba un par de veces del nailon, y Luglio, mi patrón —grueso, bonachón; todo italiano—, cobraba el nailon izando el fardo a cubierta.

Pensarás que aquél era un curre de señorito, que se hacía con el trasero bien ubicado en una bañera de agua templada, guiñándoles el ojo a los pececillos, aunque algo escamado por la cercana oscuridad abisal de la que podía surgir el brazo de un pulpo gigante o un tiburón blanco, incluso un ataque de medusas, que se acercaban como fantasmas. Pues estás equivocado, amigo: era un trabajo muy duro, el trabajo más duro que yo nunca he realizado (y curro desde los quince años), porque el cuerpo, para moverse dentro del agua, necesita cinco veces más energía que fuera de ella. Una paliza.

Nuestra jornada era sólo de cuatro horas y terminábamos agotados. Todavía no comprendo cómo el Niño —cincuenta kilos de huesos y piel (calzado y con abrigo)— podía resistirlo. En fin, lo cierto es que el empleo estaba muy bien pagado y te dejaba la tarde libre.

Al principio creí que se trataba de un pez grande, mejor dicho, de una jibia gigante, por su tono pálido uniforme

10

me y porque parecía enredada entre las algas; luego pensé que era un plástico, o los restos de un colchón neumático.

Tardé casi un minuto en comprender que se trataba de una pierna, humana, por supuesto.

Un "dedo helado" recorrió mi espina dorsal.

Era una pierna bastante larga, cubierta de vello rubio, una pierna de hombre. La corriente meció las algas un poco y entonces pude ver, horrorizado, que a aquella pierna le acompañaba ¡otra pierna, que después había un traje de baño negro y un torso balanceándose al ritmo de las algas!

Mi cabeza saltó, subió a la superficie y regresó totalmente vacía.

La cercana oscuridad abisal siempre introducía algo de arena en los engranajes de mi cerebro. Por eso la aparición de aquel cadáver balanceándose, a sólo un par de metros de donde me encontraba, bloqueó todo mi sistema nervioso.

No sé cuánto tiempo tardé en recuperar el autocontrol (se me hicieron siglos) y lo primero que me dije, balbuciente, fue que debía emerger, pero sin pánico, dejando que las burbujas me abrieran camino. No usábamos aletas, pero no las necesitaba, sólo tenía que desabrocharme el cinturón de plomo y dejar que Arquímedes me empujara en la palma de su mano.

Acababa de desabrocharme el cinturón, cuando me entró el pánico. Creí que el cadáver, meciéndose, levantaba una mano para atraparme por el tobillo. Así que pateé y braceé hacia arriba como un poseso, exponiéndome a sufrir una embolia gaseosa.

11

La *Aurora* se encontraba a unos veinte metros de donde había emergido. Luglio me daba la espalda porque debía de estar izando uno de los fardos del Niño. Di un par de brazadas hacia la lancha, pero me detuve. De pronto me acobardó que me tomaran por un cobarde, podía oír ya las puyas de Luglio sobre el pavor que me producían los plásticos, o los restos de una colchoneta de goma (comenzaba a no estar seguro de que fuera un cadáver lo que había visto), puya que se extendería por el puerto, convirtiéndome en una especie de Dontancredo de los muelles.

Acobardado por mi cobardía, decidí sumergirme de nuevo.

Despacio, con los ojos bien abiertos, apretando las posaderas (como lo oyes), nadé de nuevo hacia el fondo.

Enseguida pude comprobar que se trataba de un cadáver, de eso no cabía duda. Ahora lo tenía a unos diez metros y podía estar seguro de que era un muerto, un fiambre. Sí, lo veía perfectamente, se mecía. Nada de plásticos ni de balsas de goma.

Me acerqué a él, en carne de gallina, esforzándome en que mi corazón le ganara la batalla a mi estómago.

Ahora pude comprobar que el muerto tenía un arpón clavado en la espalda, un gran arpón de casi metro y medio, con cuatro o cinco metros de nailon blanco que se mecían al compás de las algas. Y en su tobillo derecho tenía atado otro nailon, de unos setenta centímetros, sujeto en la otra punta a una traviesa de hormigón. El fiambre tenía la cabeza vuelta hacia mí, en una posición un tanto forzada, y por un instante creí que me rogaba que le dejara solo.

12

Calculé que en vida rondaría los cuarenta años; era un sujeto de rasgos ásperos y cuerpo de atleta; lucía un mostacho espeso de tono caramelo y una cabellera de un tono mostaza que tenía que llegarle casi hasta los hombros, enredada ahora en las algas entre las que el fiambre parecía atrapado, aunque sin duda era la traviesa de hormigón la que le mantenía en el fondo.

De pronto aquel rostro, a pesar de la turbiedad del agua y de su rigidez marmórea, me resultó conocido... Sí, no era la primera vez que yo veía aquel bigote y aquella melena mostaza, a pesar de que ésta ahora no le caía sobre los hombros, sino que permanecía flotante, como algo vegetal. ¿De qué conocía yo a aquel hombre? De momento, no me acordaba.

Más tranquilo ya, decidí emerger de nuevo.

La *Aurora* se encontraba ahora a unos quince metros, así que nadé hacia ella, lentamente, adornándome un poco, pero sin pensar en nada, pues no tenía nada en que pensar, ya que aquélla era una situación del todo *inédita para mí:* nunca antes había encontrado un cadáver en el agua.

En fin, compañero, oigo tus sonoros ronquidos. Quizás te estés preguntando, hace rato ya, quién es este tipo que alucina, el número de mi carnet de identidad y mis medidas antropométricas. Así que, sin más, me voy a presentar.

Mi nombre no es Panicus Subacuaticus, como habrás pensado con mucho regodeo, sino Cruz Fierro. Hace un par de años que he cumplido los veinte. No soy un gigante, mido un metro cincuenta y siete de estatura, largos, pero puedo hacer el pino con una sola mano durante diez segundos (prueba tú a hacerlo, colega).

Sí, por aquel entonces me encontraba en Almería, trabajando en la recolección de *Gelidium oceanica*, como ya he dicho.

La *Aurora* era una lancha vieja, de unos seis metros, pintada de azul, con un renqueante motor diesel y un pequeño compresor de gasolina. El resto de la tripulación ya ha sido presentado: el peso pesado italiano, ciento quince kilos, Luglio, y el peso mosca español, cincuenta kilos, el Niño.

Luglio me había visto emerger y estaba recuperando mi goma, extrañado.

—Es una nube que ha cubierto el sol —comentó irónico (el cielo estaba limpio de nubes), refiriéndose a la hora, cuando yo me agarraba a la regala—. Sólo faltan tres horas para sacar el ancla.

Luglio era así. Un tipo con una figura que encajaba con su carácter: grueso, pero ágil y activo, de ojos oscuros, retadores en la forma insistente de sostener la mirada; torso velludo, muñecas nudosas y deslumbrantes incisivos de plata. Era de Génova, como Colón, eso decía él, aunque a mí me olía a siciliano, de Corleone tal vez.

Me ayudó a subir a bordo. Era un tipo avispado, así que mi palidez le alertó de inmediato. Antes de preguntarme nada, dejando que me recuperara, escudriñó el agua alrededor de la lancha. Al fin me preguntó:

—¿Qué pasa, una morena? ¿O es «rubia»? El color verde te delata.

Él ya me había advertido que no debía preocuparme, que las morenas no atacaban, las otras sí.

Quise decirle que no, que no era eso, pero de mis labios no salió ninguna palabra. Traté de negar con la cabeza, pero todos mis músculos estaban agarrotados.

Me ayudó a desprenderme del traje de goma.

—Tranquilo, muchacho. En la mar manda la experiencia. Si un tiburón sale a tierra, seguro que lo asustan hasta los gatos. Ya te habituarás. Yo, cuando empecé con esto, tuve una vez una orca mirándome a unos diez metros...

—¿Qué le pasó? —logré balbucir.

—Me lo hice encima. Ahora me limitaría a darle las buenas tardes.

Aquellas palabras lograron desbloquearme. Incluso se me escapó una risa como un rebuzno: estaba seguro de que Luglio ni siquiera sabía nadar.

—Un... fiambre.

—¿Fiambre?

—Un muerto. Un tío muerto.

—¿Una persona?

—Una persona muerta. Un hombre.

—¡Mierda!

—Exacto.

Luglio se inclinó instintivamente por la borda para contemplar ceñudo el fondo. Cuando me miró de nuevo su expresión se había relajado. Me llegó su tono irónico:

—¿Salchichón o mortadela?

—Un muerto, un cadáver, un muerto de verdad, te lo juro. Un hombre. Entre las algas. Tiene un arpón clavado en la espalda.

15

Durante unos segundos, Luglio estudió mi expresión, esperando descubrir en ella algo que le indicara que le estaba mintiendo. Al fin dio media vuelta y se dirigió a popa. Del cofre de los aparejos sacó el espejo. Era éste un cubo de plástico cuyo fondo había sido sustituido por un cristal, un buen instrumento para contemplar el fondo, como unas gafas de bucear.

Luglio metió la base del cubo en el agua, pero yo sabía que el cadáver no se encontraba en la vertical de la *Aurora*, así que no lo vería. Él lo comprendió al instante, porque, sin sacar el espejo, me ordenó:

—Saca al Niño.

Comencé a tirar de la goma del aire del Niño, lo que le haría emerger a la fuerza. Y así fue: un par de minutos después le estaba ayudando a encaramarse a cubierta. Se quitó la boquilla.

—¿Qué pasa? ¿Qué ocurre? ¡Casi me ahogas!

—Tu amigo ha pescado algo —le explicó Luglio, todavía inclinado sobre la borda.

—¿De veras, tío? ¿Un tesoro? Hay que repartir, es la ley del mar.

—... Un muerto. Todo para ti.

—¿Un muerto? —el desconcierto se adueñó del Niño—. ¿Un muerto de qué? ¿Un pez muerto?

—Un hombre. Un tío. Un colega.

No pude ver la reacción del Niño porque nos llegó la voz de Luglio.

—Apagad el compresor y recuperad el ancla.

Apagué el compresor. Recuperar el ancla era un trabajo duro, pero no podía contar con el Niño hasta que su cerebro no asimilara mis palabras.

Luglio miraba ahora hacia la costa, tomando las coordenadas de nuestra posición, ya que sin el ancla derivaríamos de inmediato. Luego arrojó al agua la boya de situación, con una estacha de unos veinte metros y un ancla de hormigón. Aquella boya fijaría la posición del fiambre.

—Venga, ese motor.

Arranqué el motor y el Niño, mecánicamente, cogió la barra del timón, más para apoyarse en ella que para gobernar la lancha. Ahora, el traje de goma le sobraba por todas partes, a pesar de los seis jerséis que se ponía debajo.

—... un ahogado —le oí murmurar.

Luglio, pensativo, encendió una de sus estacas y echó el humo apoyado en la regala; yo, de pie junto al motor, no pensaba en nada.

Mis labios se movieron, al fin, sin que yo les hubiera dado permiso para hacerlo:

—Le conocía.

—¿A quién? —inquirió Luglio.

—Al muerto... Tú más que yo... Es uno de los tripulantes del *Alavus*.

—Del *Alavus*.

Sí, yo había visto a Luglio en los muelles hablando un par de veces con los tripulantes del *Alavus*, un yate de dos palos y doble hélice, un buen yate. Uno de aquellos tripulantes era el muerto, ahora estaba seguro. Me había parecido que para Luglio eran sólo conocidos, esa amistad

17

superficial que se establece en los puertos entre personas que pasan la mayor parte del día en la mar: saludarse al cruzarse en la bocana o invitarse a una cerveza cuando coinciden en un bar.

El rostro de Luglio se había ensombrecido, esta vez de verdad.

—¿Quién de ellos? —graznó.

—El del bigote espeso, con la melena mostaza hasta los hombros.

Un minuto más tarde me llegó de nuevo su voz:

—¿Estás seguro?

—Sí... No hay en cien kilómetros a la redonda dos tipos como ése.

El silencio era cortado sólo por el comatoso jadeo del motor, que siempre nos hacía dudar si la *Aurora* alcanzaría el puerto sin zozobrar.

Acabábamos de cruzar la bocana, los tres algo más pálidos que de costumbre, cuando mis ojos se detuvieron en un yate de dos palos que venía hacia nosotros para enfilarse hacia alta mar. Era el *Alavus*.

Sentí un escalofrío. Y es que no se veía a nadie en cubierta, parecía un barco fantasma navegando solo. Luglio se situó en proa, no sé muy bien dispuesto a qué, pues sin duda el resto de los tripulantes del *Alavus* conocía ya la triste noticia.

Estaba equivocado. La cubierta del *Alavus* no se encontraba vacía: Olsen, un tipo fornido de marcado aspecto nórdico, un duro de esos que nunca se ponen chaqueta, que me parecía ejercía de capitán, se encontraba sentado en uno de los bancos de popa, fumando. No miraba en

18

nuestra dirección, sino hacia los pescadores de caña del malecón.

Y de pronto, todavía se me pone la carne de gallina cuando lo recuerdo, hermano: recibí el mayor impacto emocional que he sufrido en mi vida. Me quedé convertido en un montoncito de mantequilla blanda, allí, en cubierta, al lado del renqueante motor de la *Aurora*.

Una de las escotillas del *Alavus* se abrió, dejando ver la cabeza y el torso desnudo de un individuo de unos cuarenta años, con mostacho espeso de tono caramelo y melena mostaza hasta los hombros.

Te lo juro, vecino, te lo juro, me quedé totalmente vacío, como una caja en cuyo interior no hay siquiera aire, sólo una gran y misteriosa vibración.

Aquel sujeto salió a cubierta. El resto de su atuendo era un pantalón acampanado azul marino. *Aquel fulano era la réplica exacta del cadáver que yo había visto hacía media hora a ocho metros de profundidad con un arpón clavado en la espalda.*

Me invadió la confusión: sabía que una de las dos escenas no podía ser real, o la que tenía ahora ante mis ojos, o la que había visto media hora antes bajo el agua. ¿Cuál de las dos era una alucinación?

Luglio no se molestó siquiera en mirarme cuando nos cruzamos con el *Alavus*, a unos veinte metros; se limitó a levantar la mano y gritar:

—*Va tutto bene?*

Olsen volvió la mirada y, como respuesta, saludó levantando la mano, algo cansino. El otro individuo, el «cadáver», miró también hacia nosotros, pero no nos dirigió

19

ningún saludo, ni con la mano ni con la boca, como si a un cadáver no le estuviera permitido relacionarse con los seres vivos.

—Es Ahto —me informó Luglio, para que cayera en la cuenta de que aquel individuo se encontraba bien vivo.

Los cristales de la cabina del timón del *Alavus* eran asalmonados, así que no supe quién lo gobernaba. No se advertía en el rostro de Olsen, ni en el del cadáver, nada que reflejara contratiempo, seguramente salían a pescar o a bucear, como cualquier otro día.

El *Alavus* cruzó la bocana y se perdió hacia alta mar.

Nada más pisar el muelle, un graznido escapó al fin de mi garganta:

—Pues yo lo he visto. Y no estoy ciego.

—Descargad esos fardos. Hoy hemos perdido el día —se limitó a contestar Luglio, en un tono más irónico que recriminatorio.

—¿No lo vamos a denunciar?

Al fin fui el destinatario de la mirada burlona del italiano.

—¿Qué? ¿Qué vamos a denunciar, que hay peces en el mar, que lees demasiados libros? Escribe una carta al señor Greenpeace diciéndole que has encontrado un plástico en el fondo del mar, o búscate por ahí otro cerebro —me apuntó con el índice—. Y quiero que esta tarde, sin falta, le hagas una visita al oculista, y sin trampas. Le dirás que ves cosas extrañas —levantó la mano mostrándome tres dedos—. ¿Cuántos dedos hay aquí?

—Veo perfectamente, pero no sé contar —insistí, tozudo, siguiendo su juego.

20

—Mañana recuperaremos la boya. Extended un poco esas algas e id a divertiros.

Le obedecimos. Desestibamos las algas, un par de fardos solamente, las extendimos sobre el muelle para que se orearan, hasta que Carlo el Risueño, el socio de Luglio, viniera a recogerlas con su Nissan.

El Niño puso rumbo a su casa y yo me encaramé a *Espanto* y enfilé hacia mi pensión.

* * *

Pasé toda la tarde dando vueltas a las emociones de la mañana. Una y otra vez.

Me encontraba confuso.

Dudaba ya si sería un cadáver humano lo que había visto enredado entre las algas. El sarcasmo de Luglio había sembrado la duda en mi cerebro. Si no se trataba de la persona que yo había creído que era, el hombre de la melena mostaza, el tal Ahto, quizás *tampoco era un cadáver*. ¡Un maniquí tal vez! Los restos de una película de ambiente marino: ¡el Malo! Sí, en Almería se ruedan muchas películas.

Aquella duda y, sobre todo, el miedo al ridículo, hicieron que no denunciara mi hallazgo a la policía.

Grave error, compañero.

A media tarde, sin nada decidido, trepé a *Espanto*, mi Citroën dos caballos, rescatado de un cementerio de coches y pintado por mí diestra mano con coloridos arabescos.

21

—¿*Dónde me llevas?* —le pregunté, apoyando las manos en el volante, sin saber a dónde ir.

—*Donde tú me digas, siempre donde tú me digas, eres el amo.*

—Buen chico.

—*... Ya no soy un chico.*

Pisé el embrague, pero la caja de cambios se atascó un poco, luego tuve que pisar a fondo el acelerador para sentir que nos movíamos. No, *Espanto* ya no era un chico, era un zombi. Quizás Luglio tenía razón y yo debía consultar a un curacocos: no es normal hablar con tu coche, ¡y mucho menos que éste te conteste!

Nos dirigimos al puerto.

Comprendí que mi subconsciente me había ordenado echar otro vistazo a la tripulación del *Alavus*: ¡contarlos para ver si faltaba alguno!, estudiar a fondo las facciones del tal Ahto, quizás el reflejo del sol había convertido para mí el tono rubio de su melena en mostaza.

Pero el *Alavus* no estaba amarrado a ninguno de los muelles flotantes del puerto deportivo, lo que indicaba que todavía no había regresado.

Otra cosa que me intrigaba era la persona que llevaba el timón del *Alavus* cuando nos cruzamos con el yate en la bocana, pues los mamparos asalmonados de la cabina me habían impedido ver quién era. Recordaba a Luglio saludando al *Alavus* en alta mar, cuatro o cinco días antes. Se encontraba a unos cien metros de distancia y recordaba que había sólo tres tripulantes en cubierta. Si uno de ellos estaba ahora en el fondo del mar, la tripulación completa del *Alavus,* en contra de lo que yo había pensado, la constituían cuatro personas.

Las dudas, como gusanos voraces, dejaban vacía mi caja craneal.

Por eso, después de engullir una cena ligera en el *Cuatro Vientos,* alrededor de las diez, decidí terminar de una vez con todo aquello y comprobar qué era en realidad lo que había visto con un arpón clavado en la espalda y una traviesa de hormigón atada a los pies.

No me las estoy dando de valiente, compañero, hasta ahora he sido sincero, aunque, de aquí en adelante, ya veremos. Lo cierto es que temía que la duda me royera por dentro más y más durante el resto de mis días, y acabar en un asilo, consumido y encogido, con las manos temblorosas y la mirada extraviada.

Fui a casa del Niño.

—No está —me contestó su madre—. Ha salido.

—Vaya... Cosme creo que tiene una linterna de agua. Si me la pudiera prestar por unas horas...

Era lo que yo venía buscando, no al Niño. Cosme era su hermano mayor, buzo del puerto.

La señora dudó un poco, luego fue a por la linterna. Cuando la tuve en mi poder, le di las gracias y trepé de nuevo a *Espanto.*

—¿*Adónde?*

—*Llévame al puerto.*

En la garita de la entrada estaba de guardia un aduanero: Alvero.

—Hola —le saludé.

23

Recibí un gruñido como respuesta.

Luglio no se molestaba en echar la llave al motor de la *Aurora*, seguramente ni conservaba la llave: nadie robaría la lancha para correr el riesgo de hundirse nada más zarpar.

Salté a la lancha y solté la estacha, la separé del muelle con el pie, le di a la manivela, y el motor comenzó a jadear como un fumador después de una maratón. Embragué, empuñé la barra y enfilé hacia la bocana.

No había luna, así que, una vez rebasada la bocana, la oscuridad absoluta se abrió delante de la *Aurora*. Pero recordaba las coordenadas del lugar donde Luglio había arrojado la boya: la iglesia de la Chanca y la Alcazaba, el Centro Náutico y la Estación. Afortunadamente eran cuatro puntos que se iluminaban de noche, por lo que, echando de vez en cuando una mirada sobre el hombro, tanteando, busqué el punto donde se cortaban las dos coordenadas.

Comenzaban a dolerme los ojos de tanto escudriñar la oscuridad, cuando, al fin, di con la boya. La tenía a estribor, a sólo un par de metros de la lancha, como emergida por sorpresa del fondo del mar, misteriosa en su pasividad. Sentí un escalofrío.

Mal empezaba.

Detuve el motor y arrojé el ancla. Revisé las luces de posición, pues no quería que ningún pesquero abordara la *Aurora* cuando me encontrara sumergido. El foco de popa proporcionaba una luz apagada porque el cristal se encontraba muy sucio, seguramente nadie lo había limpiado desde el día en que botaron la lancha en el astillero. Recogí un manojo de algas, las empapé y limpié el cristal como pude.

Luego me enfundé el traje de goma, me ajusté las aletas, que en otras circunstancias no nos poníamos, y me abroché el cinturón de plomo. Sujeté el lazo de la linterna a la muñeca derecha. Arranqué el compresor y me encajé una de las mascarillas, olía a vómito así que debía de ser la del Niño. La dejé y busqué la mía. Comencé a respirar aire que olía a goma y a gasoil.

Me senté en la borda, de espaldas, dispuesto a sumergirme. De pronto me acordé del cuchillo. El pequeño cuchillo de pierna.

Un momento, camarada, un alto aquí. Escucha, aquel pensamiento, una especie de soplo en la oreja, me salvó la vida. Como lo oyes. Presta atención.

Lo busqué y, cuando lo encontré en el fondo del cofre, lo sujeté a la pierna.

Me dejé caer de espaldas.

Todo estaba oscuro, así que tuve la sensación de que debajo de mí se abría el abismo insondable.

Encendí la linterna, dejé escapar una bocanada de aire, me doblé por la cintura y comencé a trabajar con las aletas en busca del fondo.

En realidad no deseaba encontrar el fiambre. Lo buscaba para acallar mi conciencia, pero no quería encontrarlo.

Era una linterna potente, de profesional, así que su haz de luz alcanzaba el fondo. Éste se desvelaba ante mis ojos espectral, maligno, cargado de amenazas, como si a mi alrededor hubiera cientos de fiambres, zombis, acechándome envidiosos.

Unos tres minutos nadando de aquí para allá, apenas diez metros cuadrados de rastreo, y nada.

Pensaba ya que la goma del aire no iba a dar más de sí y que tendría que cambiar la situación de la lancha, cuando por fin el haz de la linterna iluminó un cabo de nailon blanco.

Tenía miedo de tener miedo, así que, sin pensarlo más, me doblé de nuevo y enfilé recto hacia el fondo.

El cuerpo continuaba entre las algas, ensartado, pasivo, mineralizado. No era un plástico, ni un maniquí, ahora podía estar seguro de ello. Curiosamente, me sentí aliviado, a gusto, como si de pronto hubiera encontrado compañía, *un viejo amigo*. Uno de esos conocimientos que haces por la mañana en la playa y luego te encuentras por la tarde debajo del agua ensartado en un arpón de dos metros. También me sentí un poco (bastante) idiota, y avergonzado, por haber dudado de mí mismo, de mi salud mental.

¿Y ahora?

Lo primero era comprobar si el cuerpo continuaba amarrado a la traviesa de hormigón para que no se lo llevara la corriente. Así que me sumergí un poco más y alargué la mano para comprobar si el nailon estaba bien atado a la traviesa. Pero me había puesto mal el lazo que me sujetaba la linterna a la muñeca y ésta me estorbaba, por lo que me lo quité y dejé la linterna sobre la arena del fondo. Enganché el cabo suelto del arpón y, para mayor seguridad, lo até a la roca con un nudo complicado que seguramente no venía en ningún manual de nudos. Recuperé la linterna y me dejé impulsar hacia la superficie.

De pronto caí en la cuenta de que no le había visto el rostro al fiambre, en realidad no había querido verlo, pero sin decírmelo explícitamente, ocultando mi falta de valor.

Pero aquel rostro era la clave del enigma, así que hice otra carpa y aleteé de nuevo lentamente hacia el fondo, hasta detenerme junto al fiambre, *apretando las nalgas* (no frunzas el ceño, has leído bien: apretando las nalgas, no me avergüenza decirlo) y, rígido, alargué la mano para girar el cuerpo.

La cabeza, movida sin duda por la débil corriente, comenzó a dar vueltas ella sola, con la melena mostaza flotando, como una medusa, o como un fantasma. Yo estaba helado, con la piel áspera como la de un tiburón. Sentí que me ahogaba, que no me entraba aire en los pulmones. De pronto me entró en la boca el agua salada. ¡La goma del aire se había desprendido!

Presa del pánico, me llevé las dos manos a la mascarilla para arrancármela, abrí la mano derecha sin advertir que con ella sostenía la linterna y el haz de luz comenzó a alejarse de mí, lentamente, hacia el fondo. Me arranqué la mascarilla con las dos manos, busqué el haz de luz e hice una carpa para recuperar la linterna.

De pronto la luz desapareció. La oscuridad fue total.

La desaparición de aquella luz, compañero, fue para mí como la desaparición del Universo.

No existía NADA: ni cadáver, ni algas, ni rocas, ni linterna, ni lancha, ni goma de aire, ¡ni fondo!, ¡ni superficie! NADA.

Sólo una gigantesca esfera oscura, ¡sin atmósfera! Mi mente (sin cuerpo) era el centro de aquella esfera y en ella sólo había una idea, aterradora: ¡aquello iba a durar poco, lo que durara la reserva de oxígeno de mis pulmones!

Bueno, tío, te dirás, no lloriquees, no era para tanto, sólo tenías que subir a la superficie y respirar un poco, además llevabas aletas, ¿qué más quieres?

Fácil, ¿no? Eso parece.

Pero, ¿dónde se encontraba la superficie? Dímelo tú, hermano.

De risa, ¿verdad?

Mi cuerpo, con el cinturón de plomo, se mantenía entre dos aguas, es decir, ni flotaba ni se sumergía, incapaz de precisar el «arriba» y el «abajo».

La solución habitual consiste en soltar un poco de aire y seguir las burbujas, pero recuerda, camarada, había perdido la linterna y me encontraba inmerso en una oscuridad absoluta.

Otra solución hubiera sido localizar la linterna, que seguramente se había apagado al chocar el interruptor, demasiado sensible, contra el fondo. Pero tropezaba con el mismo problema: ¿dónde se encontraba el fondo?, ¿dónde la linterna?

Y ahora, para ser sincero, sin adornarme, he de confesarte que estoy orgulloso de mí, de la forma como reaccioné. Cada vez que lo pienso, y lo pienso todos los días de la mañana a la noche, me siento crecer un par de palmos, mi capacidad pulmonar se duplica y contemplo el planeta Tierra bajo mis pies.

Reaccioné fríamente, sin histeria, calculando que me quedaba aire para un minuto. Así que mi lóbulo cerebral encargado de los números comenzó a contar mecánicamente hacia atrás: cincuenta y nueve, cincuenta y ocho...

Lo primero que hice fue desabrocharme el cinturón de plomo: mi cuerpo, sin ese peso, tendería a flotar, es decir, se dirigiría él solo hacia la superficie. Pero la oscuridad era total, y yo no tenía ningún punto de referencia. Calculé que me encontraría sumergido a unos seis o siete metros; no era mucho, la altura de una casa de tres plantas; pero mi cuerpo, con su propio y lento empuje, tardaría demasiado en alcanzar la superficie.

Cincuenta y dos...

¿Dónde se encontraba la maldita superficie? De pronto me pareció sentir una corriente fría en la nuca, y estuve a punto de abrir la boca, creyendo que mi cabeza estaba ya fuera del agua. Pero, afortunadamente, no lo hice. Coloqué la mano detrás de la cabeza y comprobé que no era aire, sólo agua, que la corriente fría era esa famosa corriente llamada MIEDO.

Cuarenta y nueve...

El oxígeno de mis pulmones estaba siendo sustituido deprisa por anhídrido carbónico. Por primera vez sentía otras partes de mi cuerpo, no sólo la mente: me zumbaban los oídos, mi caja craneal estaba a punto de estallar y en mis pulmones había una zarza ardiente devorando oxígeno.

Además, mi margen de maniobra era más reducido de

lo que parecía. Cuando lograra saber dónde se hallaba la superficie, si lo lograba, sólo podría alcanzarla emergiendo lentamente, para evitar una descompresión rápida y la consiguiente embolia gaseosa (si la descompresión es rápida, penetran en el sistema circulatorio burbujas de aire que provocan una embolia fatal. R.I.P).

Ingenuamente dejé escapar un poco de mis preciadas reservas de oxígeno, esperando que las burbujas brillaran en la oscuridad, como las chispitas de la varita mágica de un hada, y me indicaran el camino hacia la superficie. Nada de chispitas, colega, la oscuridad era absoluta.

Treinta y ocho...

Resultaba inútil quedarme allí quieto, a la espera de aumentar la lista de fiambres tragados por la mar. El azar (las probabilidades) podía llevarme a la superficie. Calculé que si nadaba en línea recta mis probabilidades de salvarme serían de unas veinte entre cien. Así que estiré las piernas para aletear hacia cualquier parte... y entonces..., compañero..., ¡lo vi!

Vi una de las estrellitas desprendidas de la varita del hada. Era un puntito de luz, amarillento, diminuto. En un primer instante creí que se trataba de algún pececillo, o cualquier habitante fosforescente del agua salada; advertí también que no se separaba de mí, ¡qué se había pegado a mi pierna, junto al cuchillo!

Era el cuchillo.

Fue como una explosión de luz, como si toda la escena se hubiera iluminado con una luz blanca, intensa, resolviendo de un golpe mi problema, ¡el problema capital de salvar mi vida!

Y lo que son las cosas, camarada, cuando tenía mi salvación al alcance de la mano, fue cuando me puse nervioso, todo porque había perdido la cuenta de los segundos que me quedaban. Estuve a punto de abrir la boca y ahogarme, como lo lees.

Mi cerebro, caótico, dibujó la imagen del cuchillo con el mango de corcho y la pequeña cuenta fosforescente en su extremo para localizarlo en la oscuridad.

Mi mano, torpe, sacó el cuchillo de su funda, lo acercó a mi rostro, a la altura de la nariz y luego, después de una breve vacilación, temeroso de que mis ideas sobre las propiedades de aquel diminuto cuchillo estuvieran equivocadas, lo solté.

La luz trazó un pequeño arco, de unos treinta grados, y lentamente, muy lentamente, comenzó a moverse, ¡hacia mis pies!

Como lo lees, tío, estudia, en la historia de la Humanidad nadie ha reaccionado tan fría y racionalmente como yo lo hice entonces. ¡Me iba la vida en ello!

Con la sensación de que el cuchillo se estaba hundiendo, alejándose de la superficie, seguí con fe ciega aquella lucecita, pensando que me engañaba, que me conducía hacia el infierno, pensando también que era un cuchillo mal fabricado y que no habían puesto en el mango corcho suficiente para que flotara y que la hoja de acero ganaba la batalla hundiéndolo.

El recorrido se me hizo interminable, como si hubiera dado la vuelta a la Tierra cuatro veces a gatas, pues le había confiado a aquella lucecita toda mi vida, mis veintidós años, mis proyectos, todo lo que era y lo que inventaba sobre mí mismo (que es bastante).

Si se apagaba yo me apagaría también.

Y desapareció. ¡Cuidado, no del todo! De golpe se difuminó y dejó de moverse en una trayectoria rectilínea para balancearse un poco. Entonces supe que había alcanzado la superficie.

Saqué la cabeza del agua con la sensación de emerger en Nueva Zelanda. Pero ni siquiera me dio tiempo a pensar que acababa de salvar la vida. Mi boca se abrió como la de un pez y mis pulmones tragaron glotonamente el aire mientras mis ojos trataban de localizar la *Aurora*.

¡Ufff!

Todavía me baño en sudor al recordarlo.

La *Aurora* se encontraba a unos cincuenta metros. Y no estaba sola. Junto a ella, a babor, se apreciaba la estructura borrosa de un yate de dos palos, con las luces apagadas.

¿Por qué las luces apagadas?

Mi cerebro, lento, tardó un par de minutos en comprender la situación. La manguera del aire no se había desprendido sola del compresor, como yo había creído —imposible: era una instalación muy sólida y la revisábamos todos los días—, sino que alguien había colaborado aflojando una de las abrazaderas de sujeción.

Seguramente, ese alguien buscaba hacerme emerger para... No lo sabía. El caso es que fue incapaz de localizarme en la oscuridad. Y lo que son las cosas, casi me eché a reír: ¡la pérdida de la linterna, después de todo, me había salvado!

No oía el motor del compresor, lo que confirmaba mi teoría de que lo habían desconectado. Aquello significaba que me estaban esperando en la *Aurora* y que no les importaba que yo advirtiera su presencia.

Así que no sabía qué hacer. Bueno, sí, cualquier cosa menos sumergirme de nuevo.

De pronto se oyó el ronroneo del motor del yate, de gasolina, y éste comenzó a separarse de la lancha.

Estaba agotado. Sin embargo, sabía que si los tripulantes del yate me buscaban no tardarían en encontrarme. Debía alejarme de allí, olvidarme de la *Aurora*. Así que hice el muerto (¡oh!) y comencé a aletear suavemente.

No veía el yate, pero oía su motor. Creí que se alejaba pero de nuevo lo oí nítidamente, por lo que comprendí que navegaba en círculo. Sin duda me estaban buscando.

Ya no podía acercarme a la *Aurora*. Giré y levanté la cabeza. Fijé mi atención en unas luces de la costa y, tomándomelo con calma, puse rumbo hacia allí.

Debía de encontrarme a un par de kilómetros de aquellas luces. Estaba extenuado, pero flotaba sin esfuerzo en el agua tibia. Llegar hasta allí era sólo cuestión de tiempo.

¡De pronto el mar se iluminó! Volví la cabeza. El yate había encendido todas sus luces, el haz alargado y poderoso de un potente foco comenzó a barrer la superficie del agua.

Aquel yate era el *Alavus*, sin duda.

Navegaba en círculo, barriendo la superficie del mar con su reflector. Pero lo hacía de forma demasiado regular, demasiado nórdica, así que, cuando calculé que la luz no tardaría en barrer la zona en la que yo permanecía a flote, ¡qué remedio!, me sumergí.

¿Por qué me buscaban? ¿Por qué habían desconectado el compresor? La respuesta era obvia: yo era el único testigo de que en el fondo del mar había un cadáver con un arpón clavado en la espalda.

Emergí unos quince segundos después (no te rías, tío, no podía más). El haz de luz se estaba alejando. Mi traje de goma era negro, por lo tanto les resultaría difícil localizarme, sólo debía nadar hacia la costa, sin forzar la máquina, sumergiéndome y emergiendo.

Así lo hice, y empecé a distanciarme metro a metro del círculo rastreado por el yate, que era cada vez más grande y, por lo tanto, me daba mayor margen para respirar.

Habría transcurrido una hora y tenía ya la costa a mi alcance, veía la espuma de las pequeñas olas que rompían en una playa de guijarros, cuando a los tripulantes del yate, al tal Olsen seguramente, se les ocurrió hacer lo que deberían haber hecho mucho antes: navegar paralelos a la costa, a unos doscientos metros de ésta, barriendo la superficie del agua con su foco. Porque era evidente que yo no podía haber nadado hacia alta mar y que, a no ser que me hubiera pasado de listo, tenía que haberlo hecho hacia la costa. Si lo hubieran pensado antes, quizás me habrían atrapado. Rigidez nórdica, tío.

Alcancé la playa totalmente extenuado, tanto que una pequeña ola me arrolló, y me habría ahogado si el reflujo no me hubiera dejado en seco. No tenía ni fuerzas para ponerme en pie.

Permanecí tumbado sobre los guijarros algo así como una eternidad. Recuperando fuerzas.
Al fin me vi obligado a levantarme: de nuevo las luces del yate. Éste se dirigía ahora directamente hacia la costa, a unos ciento cincuenta metros a mi derecha. Navegaba al ralentí, como si hubiera desistido de encontrarme y estuviera buscando un lugar donde fondear.
Después de todo, quizás me habían localizado: ¡tendrían prismáticos! ¡Incluso algún ingenio de visión nocturna!
Me quité las aletas y eché a caminar, a ciegas, con la sola idea de alejarme de la playa.
Tomé lo que parecía ser el cauce de una rambla, de suelo de grava de pizarra, excelente para destrozarte los pies si caminabas descalzo.
Efectivamente, al mirar por encima del hombro pude comprobar que el *Alavus* estaba fondeando a unos cien metros de la playa. Había movimiento en cubierta, parecía como si estuvieran botando una lancha, una *zodiac* tal vez.
El traje de goma me abrasaba la piel. Por eso hice algo que, cada vez que lo pienso, no sé si es para reír o para llorar: me lo quité.
Sí, compañero, aquel elegante cambio de indumentaria (me quedé en calzoncillos) seguramente *me salvó la vida de nuevo*. Como lo oyes, te lo juro, no bromeo.
Era una noche calurosa, por lo tanto la vestimenta no era problema. El único problema podía ser el modelo de mis calzoncillos: largos, casi hasta las rodillas, con un estampado de flores azules y verdes, un pieza de colección,

lo reconozco, pero de una utilidad infinita en aquellas circunstancias.

Y allí me tienes, compadre, descalzo, en taparrabos, saltando en la oscuridad como una rana, mirando a mi espalda cada cinco segundos esperando ver el resplandor de una linterna.

Caminé rambla arriba, con la idea de que antes o después encontraría una carretera. Entonces haría autostop. «Lo he perdido todo en el Casino»... «Sí, he salido de casa a dar un paseo, hace tan bueno que de pronto me he dado cuenta de que sólo llevo los calzoncillos puestos». Algo inventaría.

Llevaba dando saltos y soltando exclamaciones (¡oogghh!, ¡aahh!, ¡yiiii!) unos veinte minutos cuando divisé, delante de mí, un poco a mi derecha, a unos cien metros, una luz.

Parecía la luz de un chalé o de un cortijo.

A medida que me acercaba, las líneas de la estructura de una casa de una planta se fueron desvelando ante mis ojos. Debía de tratarse de un cortijo viejo, seguramente restaurado, al menos eso indicaban la luz de la fachada, que parecía de sodio, y las paredes perfectamente enjalbegadas. La planta era rectangular, con pocas ventanas, y la terraza, que rodeaba toda la casa, tenía barandilla de obra, también enjalbegada. Delante de la puerta principal había un par de árboles frondosos, moreras o almeces.

Trepé por el talud, perfectamente alfombrado con hojas de pitas y chumberas, ahogando aullidos de dolor, y salté la barandilla de obra.

Tenía delante una puerta de una sola hoja, bellamente

labrada, de madera de pino cruda. No había luz en ninguna de las ventanas, y en el interior no se oía ningún sonido. Tampoco se veían por allí coches aparcados. Daba la impresión de que no había nadie en la casa, que sin duda estaba habitada, a juzgar por el foco de sodio que iluminaba la terraza y por las casi cuarenta jardineras repletas de flores colocadas en perfecta formación debajo de los dos árboles frondosos.

Llamé a la puerta con los nudillos. Una sola vez, porque la puerta estaba entornada y se abrió cosa de un palmo bajo el efecto de mis golpes.

Esperé. Luego la empujé con la punta de los dedos y la abrí del todo.

La habitación, o lo que hubiera delante de mí, estaba a oscuras; sólo se veía, a unos tres o cuatro metros, un brillo metálico o el reflejo de un cristal, a metro y medio del suelo. Se movía un poco.

De pronto aquel reflejo vino hacia mí, ¡y deprisa!

Mi mano buscó precipitadamente el interruptor de la luz. No lo encontré. El reflejo se abatió sobre mí. Me eché a un lado, oí el silbido del metal junto a mi oreja y un fuerte golpe en la pared. La luz se encendió.

Provenía de media docena de pantallas de mesa. Creí encontrarme de pronto en la sala de un museo de historia natural, sobrecargada de expositores, incluida una lechuza disecada. Pero el suelo, de gres rojizo, me hizo comprender que me hallaba en el salón de un cortijo en la provincia de Almería, a veinte minutos de la costa si caminabas descalzo.

El interruptor no lo había accionado mi mano, ¡sino

una espada! Un sable, no, no era un sable, era una espada algo curva, sin cazoleta, una espada de samurai, dispuesta de nuevo a partirme en dos.

Quien sostenía aquella espada sobre su cabeza era una muchacha.

—¡Me rindo! —se me ocurrió gritarle, ni en serio ni en broma, simplemente agotado, levantando los brazos y moviendo los ojos en busca de un diván donde tumbarme.

Titubeó. Entonces no me quedó otro remedio que estudiar a mi agresora.

Le calculé unos dieciséis años; y aire, sólo el aire, de escandinava. Digo esto porque su piel era extremadamente blanca, transparente casi, mientras que su cabello y sus ojos eran de un tono avellana. Tenía los pómulos algo marcados, la boca un poco grande y el mentón delicado (para cogerlo entre el índice y el pulgar y agitarlo si alguna vez pretendías desordenar sus ideas).

La mirada de aquellos ojos avellanados no era de miedo, sino de determinación; sin embargo, su expresión general me pareció melancólica.

En efecto: todo en ella era melancólico. Quizás reforzaba esta apreciación el albornoz rojo, con capucha, que vestía y que de inmediato me recordó a Caperucita, aunque en vez de cesta tenía una espada con la que había pretendido, y todavía pretendía, partirme en dos.

El sable había dejado un tajo profundo en la pared, el interruptor de la luz estaba partido por la mitad.

—Forma curiosa de encender la luz —grazné—. ¿Cómo has logrado acertar en la oscuridad?

No me respondió, quizás no entendía el español. Sus

ojos avellanados me estudiaron de arriba abajo, deteniéndose un breve instante en el estampado alucinante de mis calzoncillos, que suavizaron su mirada como un bálsamo.

—No soy el Lobo, Caperucita, te lo juro.

Entonces, es curioso, Caperucita desvió la mirada hacia un grabado de la pared que representaba a un entomólogo en África, con salacot y cazamariposas, acompañado de un nativo en taparrabos. Supe lo que ella estaba pensando.

—He entrado por esa puerta —relinché, sin estar seguro de que ella me fuera a creer—. Y ya he cenado. ¿Comprendes español?

Me miró.

—... *San José y la gata orinan, ella en la garrafa, él en la mina.*

—¿De veras?

Vaya.

Un español aceptable, de consonantes duras, silabeado como si hiciera gárgaras con huesos de albaricoque. Acento que catalogué como noruego o japonés.

—¿Escribes poesías? ¿Eres poetisa?

—Es un dicho local.

Estudió de nuevo el estampado de mis calzoncillos.

—¿Qué haces aquí? —inquirió.

¿Qué hacía yo allí? Es lo que a mí me hubiera gustado saber. Pero aquella valquiria seguía con la espada sobre su cabeza, así que debía inventar una historia convincente de mi presencia en la casa antes de que creyera que yo era un ladrón al que otro ladrón le había robado la ropa. Decidí aprovechar sus indudables lagunas en el conocimiento del español para hablarle deprisa y que no entendiera nada.

—No podía dormir porque hacía mucho calor. Así que decidí dar un paseo por la carretera. Vi el mar y me apeteció bañarme. Me desvestí detrás de una roca, pero estaba muy oscuro y cuando quise ir al mar ya no le encontré. Regresé en busca de la ropa pero tampoco la encontré. He caminado más de dos horas, sin rumbo, destrozándome los pies. Vi esta luz y vine a pedir ayuda, creía que era un cuartel de la Guardia Civil. ¿Te suena esto?

—¿Y por qué te ibas a bañar en calzoncillos si no te veía nadie?

Cierto. Ufff.

—... Me veía yo.

Ufff.

Vi cómo se tensaban los músculos que sostenían la espada para que ésta no se le cayera de las manos.

Sus ojos avellanas escarbaron dentro de los míos, tratando de resolver un enigma.

—¿Quieres un chupito?

—¿Un queeé?

—Un vaso de vino, para entrar en calor. ¿Blanco o tinto?

Me olió a acertijo macabro, que me daba la oportunidad de escoger la forma de morir: Arruza o Manolete; Romario o Maradona.

Aquella muchacha, Caperucita para mí, de momento, tenía una pronunciación curiosa que yo nunca había oído antes, como si se le hubieran soltado un par de cartílagos en la garganta. ¿De dónde sería?

Lo que menos me apetecía en aquel momento era beber, tampoco que me seccionara la cabeza.

—Prefiero no beber, gracias. He de poner una denuncia y no quiero que se me note en el aliento. Puedes bajar la espada, sólo soy peligroso las noches de luna llena —aullé—: ¡Uuuhhhhhh!

Permaneció impasible.

Yo traté de sonreírle, pero me salió una mueca de horror.

—¿Una denuncia? ¿A quién vas a denunciar? —quiso saber, suspicaz.

¿Que a quién iba a denunciar?

—A ti no —no podía contarle mi odisea con los tripulantes del *Alavus:* hacerlo me habría llevado toda la noche y parte de la mañana—. Cuando por la mañana vaya a buscar mi ropa, estoy seguro de que me la habrán robado. Lo quiero denunciar.

Su boca se abrió un poco, la espada descendió un par de dedos.

—... No tenemos teléfono... Yo te puedo llevar hasta el cuartel de la Guardia Civil, en Níjar.

No me atreví a pedirle algo para ponerme, tampoco ella me lo había ofrecido, por lo que deduje que, si se lo pedía, muy bien podía negármelo.

—¿Me podrás llevar? Eh, un momento, ¿tú tienes carné de conducir?

—Sé conducir —me respondió tajante.

Continuaba sin bajar la espada. Cuando lo hiciera, yo me sentiría incómodo.

—¿Vives aquí? Parece la sala de un museo de ciencias.

—Es la casa de mi padre. Es un científico. Le gusta coleccionar piedras y mariposas.

—¿De veras?

—Sí.

—Yo soy especialista en medusas.

Una gran carta de navegar, de toda la costa de Almería, enmarcada, adornaba una de las paredes. En un rincón de la estancia se apilaban numerosas muestras de piedra pómez. Sobre un par de mesas de pino crudo había toda una colección de cristales de cuarzo, blancos y rosados; eran tan grandes y bonitos que parecían de plástico. En un par de vitrinas se amontonaban diferentes instrumentos de naturalista: piquetas, cazamariposas, martillos..., como si formaran parte de una colección, pero estaban en desorden. De las paredes colgaban una docena de expositores, con bellas mariposas, libélulas, escarabajos y otros insectos. Al fondo había una puerta, cerrada, que comunicaría con el resto de la casa.

Debajo de una de las mesas pude ver lo que me pareció la estructura desarmada de un ala delta, o quizás era el ala de una mariposa gigante que no cabía en la pared.

—¿Cómo te llamas?

—Akka —me respondió.

—¿Acá? ¿Aquí, acá? ¿Tu hermano gemelo se llama Aquí?

Me miró con la boca abierta.

—No tengo ningún hermano. Akka, con dos kas.

—¿Eres de por aquí cerca?

Una pregunta perfectamente idiota. Pero, de momento, hasta que no bajara la espada, prefería que me tomara por tal.

—No. Soy de Suomi.

Suomi. Me sonaba: uno de esos pequeños países asiáticos que viven de la recolección de perlas. ¡Ojo, Fierro, esta chica puede ser hija única de un gran mandarín!

—¿He de suponer que en vuestros mares se han agotado ya las perlas?

—Finlandia es un país muy frío, y allí hay pocos insectos, sólo mosquitos. Venimos todos los veranos a Almería.

Finlandia... Suomi, ¡claro!

—Puedes bajar la espada, no soy muy alto y no necesitas cortarme en dos para meterme en el horno. Te agradezco tu ayuda. Creo que será mejor que nos vayamos, tendrás que madrugar. Seguro que, cuando has encendido la luz y me has visto, has creído que estabas soñando. ¿Conoces el cuento de Caperucita?

—He creído que era mi tío.

Me quedé tieso. Su tío. Es lo que había dicho: su tío. ¿Había dicho eso? Al principio creí que había oído mal, pero había oído perfectamente. Un tío al que le había preparado un cariñoso recibimiento de guillotina. ¿Por qué?

Iba a preguntárselo, sólo para que oyera de nuevo mi voz y estuviera segura de que yo no era su tío, pero hice algo mejor:

—Como ves, no soy tu tío, puedes bajar la espada. En

realidad estamos en el mismo bando. Si necesitas mi ayuda puedes contar conmigo.

Error.

Me pareció advertir el primer destello humano en sus ojos, ¿o fue otra alucinación mía? El caso es que bajó la espada y la depositó sobre una de las mesas. Cogió unas llaves.

—Podemos irnos. Sal, voy a apagar la luz.
—¿Vas a ir así?
—¿Por qué no?

Su acento ártico se había suavizado también, estuve tentado de pasarle el brazo sobre los hombros.

—¿Y tu padre, dónde está?
—Ha salido de viaje.
—¿Y tú no te vas con él?
—Regresará en un par de días.

Salimos.

Su medio de transporte era una moto, una Vespa de 49 centímetros.

Tomamos un camino de tierra, ascendente; sin duda íbamos en busca de la carretera.

Akka conducía con pericia, con energía, como si corriera detrás de un conejo tratando de arrollarlo. Yo tenía las manos sobre mis piernas, no me atrevía a ponerlas en su cintura.

Se había bajado la capucha, así que su cabello avellanado acariciaba mi rostro. Olía: Lavanda Puig. Mi corazón, bastante blandengue en estos menesteres, rezumó una gotita de sangre aromatizada.

Al fin alcanzamos la carretera. Akka giró a la izquierda.

Entonces, forzando mi propia voz, comencé a hablar. Estaba dolido por haberle mentido:

—Hablas muy bien español.

—Lo estudio... *San José y la gata orinan, ella en la garrafa, él en la mina.*

—¿Es lo que te enseñan en clase?

—Es un dicho local. Para suavizar el acento.

Ahora:

—No es cierto lo que te he contado, eso de que he perdido la ropa cuando me iba a bañar...

No comentó nada. Yo no sabía si el ruido de la moto le impedía oírme. Se limitaba a conducir rígida en el asiento, como si acabara de recordar que estábamos en veda.

Levanté la voz:

—... Me encontraba buceando, a un par de millas de la costa, buscando un cadáver... —largué con naturalidad. Acerqué un poco más mi cabeza a la suya para que me oyera bien—. Me he quedado sin aire y casi me ahogo... Me he salvado siguiendo la luz de un cuchillo, pero casi ha sido peor, porque un yate ha querido convertirme en rodajas con sus hélices. Por eso he aparecido en calzoncillos en el salón de tu casa. Final de capítulo.

Había hablado despacio para que me entendiera, con una voz profunda como si me estuviera ahogando de verdad, pero tuve la impresión de que ella tardaría un par de siglos en desenredar aquella madeja. Aclaré:

—Es un yate de dos palos, se llama *Alavus.* Mi lancha se llama *Aurora.* Yo me llamo Fierro, Cruz Fierro.

—¿En rodajas?

Era una pregunta irónica, esa ironía nórdica, fría, que no admitía réplica, con la prepotencia del que se queda con la última palabra.

Decidí que era mejor callar. Había querido ser sincero con ella y había logrado un poco de sarcasmo como recompensa. Suspiré.

Diez minutos después entrábamos en Los Nietos.

Las calles estaban vacías. Un perro negro cruzó delante de la moto, con la cabeza baja, abstraído, como alguien que regresa de una juerga y ha perdido las llaves de casa.

Tomamos una calle a la derecha y, al cabo de unos cincuenta metros, Akka detuvo la moto delante de un portón verde. Sobre el portón había un rótulo: Cuartel de la Guardia Civil. No se veía luz en ninguna de las ventanas, todas abiertas por el calor.

—¿No dijiste en Níjar?

—Éste está más cerca.

Bajé de la moto. Nada más hacerlo, la moto arrancó y se perdió calle adelante.

Me quedé mirándola desaparecer, como un idiota. Akka no se había despedido de mí, ni me había mirado.

No debía preocuparme, la volvería a ver cualquier otro día..., cualquier otro día del año 3000.

* * *

Me encontraba descorazonado, comprendía que llevarme hasta allí sólo había sido un gesto civilizado por parte de Akka, algo que enseñan en las escuelas, y no un acto motivado por un especial sentimiento de simpatía hacia mí. Pero podía haberme dicho «adiós», demostrarme que también sabía sonreír.

Llamé con los dos puños al pesado portón. Iba a denunciar al *Alavus,* a sus tripulantes, por intento de asesinato y piratería, ya que habían abordado a la *Aurora.*

Mis puños lograron un sonido apagado que sólo oiría una oreja pegada al otro lado del portón. El perro negro que se había cruzado con nosotros apareció en la acera de enfrente, se tumbó y se quedó contemplándome aburrido.

Llamé de nuevo, ahora golpeando los gruesos tablones con una piedra; luego me acerqué a una de las ventanas abiertas y grité:

—¡Ah de la Guardia Civil! ¡Un ciudadano en busca de ayuda!

Nada.

Los servidores del orden tenían el sueño pesado. El pueblo podía ser devorado por las llamas y ellos frotarse incrédulos los ojos por la mañana al descubrir que estaban rodeados de cenizas humeantes.

Sí, compañero, hice de todo: golpeé, grité, pateé, aullé, canté y amenacé con el puño al perro para que ladrara, sin resultado. Allí, en medio de la calle, en calzoncillos, saltando delante de aquel enorme portón como un mono aullador, y sin más espectador que un perro desvelado.

Y pasó el tiempo. Las tres, las cuatro, las cinco... Y, al fin, llegó la aurora.

Y yo me encontraba sentado en el bordillo de la acera, delante del portón, esperando el toque de diana, cuando al fondo de la calle apareció un coche, un R-18 ranchera, de un tono piedra.

Distinguí la figura de dos ocupantes en los asientos delanteros. Enseguida pude advertir que el volante lo llevaba Olsen y en el asiento de al lado iba Ahto.

La ranchera hizo una pequeña maniobra y se detuvo a mi lado. Se abrieron las dos puertas y, segundos después, tenía a Olsen y a Ahto a dos metros de mí, contemplándome con las manos en las caderas.

Me incorporé.

—Buenos días. ¿Dónde está la ropa que me han traído?

—Va a ser un día de mucho calor —me replicó Olsen—. Tienes suficiente con la que llevas puesta.

De pronto vino hacia mí, me cogió del brazo con fuerza y me empujó hacia el coche.

—Hemos encontrado tu traje de goma, payaso. Llevamos cuatro horas buscándote. Vamos.

Traté de zafarme de él.

—¡No vamos a ninguna parte! ¡Guardias!

Olsen me miró con la boca abierta, luego miró hacia el portón por encima del hombro. Me empujó de nuevo hacia el coche.

—Este cuartel está abandonado desde hace dos años. ¿Nos tomas por idiotas? ¡Vamos!

Recordé entonces que Akka había dicho que me llevaría al cuartel de Níjar. ¿Por qué me había dejado allí? ¿Sabía que aquel cuartel estaba vacío? Toda una broma. Seguramente había estado observándome desde una esquina saltar en calzoncillos durante tres horas delante de aquella puerta.

Ahto se había situado a mi espalda. Mediría más de un metro ochenta, todo músculo. Si me hacía el abrazo del oso, el crujido de mis costillas se oiría en todo el pueblo. Así que opté por la vía diplomática:

—Se lo agradezco mucho, pero estoy esperando a alguien. Buenos días.

Me llegó el abrazo del oso. Pateé en el aire.

—¡Está bien! ¡Voy! No me den una explicación, ¿para qué? No necesito saber a dónde vamos ni por qué me llevan, me gustan las sorpresas. ¿Saben que hoy es mi cumpleaños?

De un empellón, el oso me introdujo en la parte posterior de la ranchera. Abatieron la puerta y ocuparon los dos asientos delanteros. El coche arrancó.

—Eres un ladrón —me aclaró Olsen amablemente, a través del retrovisor, cuando enfilábamos ya la calle por donde habían venido—. Has robado el *Alavus,* nuestro yate.

¡Dios santo!

Mi caja craneal se quedó de nuevo vacía, como si alguien me hubiera sorbido la masa cerebral con una pajita.

¡Que yo había robado el *Alavus!* ¡Cruz Fierro! Se necesitaba tener cara dura.

—El *Alavus* me abordó en alta mar. Yo nunca he puesto el pie en ese yate. ¿No eran ustedes los que iban en él?

—Todo eso, explícaselo a la Guardia Civil, payaso.

—No me llame payaso.

—Hombrecito. El *Alavus* ha desaparecido, y tú eres la última persona que vieron rondando por el muelle.

Me acordé del muelle deportivo desierto y del aduanero Alvero, con el que había cruzado un gruñido en la entrada del puerto. ¿No eran Olsen y Ahto las personas que iban en el *Alavus* cuando éste trató de cazarme? ¿Quiénes eran entonces? Me encontraba confuso, muy confuso.

—Yo fui a alta mar en una lancha, la *Aurora*, la conocen. Estaba sumergido cuando me abordó el *Alavus*. Si se lo han robado, no he sido yo.

—¿Cómo dices que se llama tu lancha?

—No es mía, es de un italiano llamado Luglio, ustedes le conocen —grité hacia los asientos delanteros—: ¡Se llama *Aurora*!

Olsen contempló mi imagen en el retrovisor, pensativo.

—¿Quién iba contigo en la lancha?

—Nadie. Iba yo solo. Pero no necesito testigos.

—Entonces sólo hay dos opciones: o eres un mentiroso, o la *Aurora* sabe navegar sola, pues hace media hora estaba amarrada al muelle. Escoge la opción que más te guste.

Mi confusión iba en aumento. Y lo peor de todo era que sus palabras sonaban sinceras. No, yo no comprendía nada. Además comenzaba a sentir algo de frío, ya que el sol acababa de salir y todavía calentaba poco.

—Tengo hambre y frío —dije.

—Dentro de poco te servirán pan y agua en una celda con calefacción —replicó Olsen.

—Está bien. No me siento impresionado. No sé lo que está sucediendo, pero me interesa la experiencia.

—Así se forjan los hombres.

—Quiero decir que necesito contarle todo lo que sé a alguien que tenga la cabeza sobre los hombros.

Olsen levantó de nuevo la mirada.

—Bien, señor Ladrón de Barcos: ¿dónde has dejado el *Alavus?*

Su tono era duro y áspero.

Ya me estaba fastidiando. Indiqué con el índice un orificio de mi nariz.

—Aquí, lo tengo aquí escondido.

La ranchera frenó en seco y yo casi me tragó el respaldo del asiento de atrás. La cabeza de Ahto chocó contra el parabrisas. Dejó escapar una palabra de solo consonantes, en una extraña lengua que seguro no tenía traducción, mientras volvía la mirada airado hacia Olsen. Éste bufó. La ranchera reanudó su marcha.

Hicimos el resto del viaje en silencio. Yo, con la vista puesta en la cabellera mostaza de Ahto, me preguntaba qué clase de ideas bullirían detrás de aquella cortina, bullir no, pequeños icebergs flotando en un mar ártico.

Me alcanzaron los rayos del sol, y me dieron ánimos.

Veinte minutos después nos deteníamos delante del portón, abierto de par en par, del cuartel de la Guardia Civil de Níjar. Dos números hacían guardia a ambos lados del portón, uno llevaba un fusil ametrallador en bandolera con un dedo en el gatillo, el otro sólo iba armado con un palillo entre los dientes.

Olsen se apeó de la ranchera y habló con el guardia del palillo. Éste le escuchó, luego movió los ojos en mi dirección, se pasó el palillo de un extremo a otro de la boca y le hizo una leve seña afirmativa a Olsen con la cabeza.

Me condujeron a una habitación de paredes encaladas, con un gran ventanal enrejado que comunicaba con un patio. Me sentaron en una silla, mirando hacia la pared, y me dejaron solo, cerrando la puerta, pero sin llave.

Tres niños, de seis o siete años, jugaban en el patio a guardias y ladrones; los tres querían ser ladrones.

Prefería no pensar. Si pensaba acabaría probándome una camisa de fuerza en los vestuarios de un manicomio.

Estaba a punto de soltar un alarido.

Hasta allí llegaban toda clase de sonidos: ruidos de niños que descargaban ráfagas de metralleta gritando a todo pulmón que no estaban muertos; el tecleo de una máquina de escribir, una Ideal o una Underwood; una canción mañanera en la radio; otra canción mañanera en otra radio; una cisterna que se vaciaba y se volvía a llenar; el motor de un coche que no quería arrancar y el de una moto que arrancaba a la primera.

Un pequeño escarabajo, marrón oscuro, grácil, escalaba la pared delante de mis ojos.

—*¿Adónde vas?* —le pregunté.

—*A ninguna parte.*

El escarabajo se detuvo, miró hacia el techo y pareció caer en la cuenta de que le iba a faltar oxígeno, porque comenzó a caminar en círculo. Dio tres vueltas y se detuvo porque ahora ya no estaba seguro de cuál de las cuatro paredes era el suelo.

Más sonidos. Los niños habían recibido otro cargamento de municiones. Una voz de mujer: «¡Huy, qué gorda estoy!». Una voz de hombre: «¿Tú has visto alguna vez un cocido sin garbanzos?». La respuesta de la mujer: «Puede».

Otro escarabajo, algo más gordo que el anterior, negro con reflejos tornasolados, caminaba contoneándose por el centro de la mesa de despacho, en mi dirección, como si yo lo hubiera sacado a bailar.

La puerta de la habitación se abrió de golpe. Era el guardia del palillo.

—Así que tú eres el bucanero —me soltó, tragándose el palillo con habilidad para sacarlo por el otro extremo de la boca—. Vamos.

El término «bucanero», ¿continuaba vigente en el código penal? Yo no sabía qué pensar.

En la nueva habitación donde me introdujo había una mesa de despacho metalizada, un par de archivadores, tres sillas de tubo y un par de ventanales enrejados, que daban al mismo patio. Los tres niños se habían subido a la reja y contemplaban mudos al bucanero.

Un guardia fornido y rudo, con una cabeza redonda como una antigua bala de cañón, de mentón oscuro, ocupaba un pesado sillón detrás de la mesa. Otro guardia, de unos treinta años y rasgos finos, estaba sentado en una de las sillas de tubo, con un codo apoyado en la mesa y fumando con las piernas cruzadas, como si aquella fuera una reunión social. Me observó con curiosidad, algo sorprendido, como si nadie le hubiera advertido que el primer sospechoso de la mañana había sido atrapado en calzoncillos.

Olsen y Ahto no se encontraban allí.

El guardia rudo alineó un mazo de cuartillas golpeándolo sobre la mesa, luego las guardó en un cajón. Colocó sus poderosos y velludos brazos sobre el cartapacio y, entonces, sus ojos pequeños e inquisidores me taladraron.

—Tú eres el ladronzuelo de barcos. ¿Qué pensabas hacer con él, dar la vuelta al mundo? ¿Venderlo? Suéltalo todo desde el principio y hasta el final, con el nombre y los apellidos de todos tus compinches, el primero el de tu jefe, ponle todos sus acentos.

¿Qué podía hacer yo? ¿Qué podía decirle? Ante todo, debía mantener la calma y, sin precipitarme, sin saltarme ningún acento, contarle toda la verdad.

—Verá usted, coronel...

—Para ti, sargento. ¿Así qué?

—Así que, ayer por la mañana, a eso de las once...

Hablé despacio, eligiendo cada palabra, procurando un tono doctoral, como si estuviera dando una conferencia, tratando de borrarles de sus cabezas de piedra que yo era un ladrón.

Los ojos como trozos de granito me contemplaban fijamente. A mitad de la charla, el guardia rudo sacó del bolsillo una cajetilla de *Ideales*, encendió con un mechero corriente una especie de porra y soltó una nube de humo que hubiera servido para fumigar un tren ovejero.

El guardia de rasgos finos también fumaba, *Marlboro*, pero su mirada vagaba, distraída, de los ventanales al retrato del rey Juan Carlos, y de éste al de la reina Sofía, como preguntándose si hacían buena pareja. Era evidente que no creían nada de lo que yo estaba soltando.

El guardia del palillo se encontraba a mi espalda, le oía rumiar tenazmente.

Terminé mi conferencia. Renové el aire de los pulmones y dejé flotar la mirada, sin saber dónde ubicarla, consciente de que todo pendía de un hilo, de que un leve gesto mío incontrolado, colocar las manos en las caderas, decir que me marchaba, por ejemplo, echaría por tierra toda mi argumentación.

—La *Aurora* es mi póliza de seguros.

—¿Contra qué?

—Contra la desgracia.

—Pregunta a ver si la *Aurora* está amarrada al muelle —le ordenó el guardia rudo al del palillo—. El muelle donde los espaguetis descargan las algas.

Oí salir de la habitación al guardia del palillo, a mi espalda.

Silencio. Mucho humo. Pero el aire de la habitación no sólo se había espesado por el humo. Un par de veces quise añadir un par de datos a mi argumentación: que me ganaba la vida desde los quince años, que con el dinero de las algas pensaba hacer ingeniería química, que yo no podía robar un yate, puesto que no sabría manejarlo. La primera vez que abrí la boca me salió una especie de relincho; la segunda, los dos guardias me estaban mirando expectantes, y no me salió nada.

Regresó el número del palillo.

—La *Aurora* está atracada al muelle. He hablado con

el jefe de Aduaneros en persona, la estaba viendo desde la ventana.

La mirada del guardia rudo me alcanzó como un centelleo.

—¡Además de ladrón, mentiroso! ¿Qué más eres tú?

—No, señor —gemí—, no soy ninguna de las dos cosas. Todo lo que les he contado es verdad, difícil de creer pero verdad... Alguien habrá traído la lancha hasta el muelle. Yo la abandoné a un par de millas de la costa.

—¿A un par de millas?

—A un par de millas, eso es.

—Seguramente vino sola —ironizó el del palillo a mi espalda—. A veces sucede.

El guardia rudo le taladró con la mirada. Oí como se partía el palillo.

—¿Sabrías localizar de nuevo ese cadáver que dices has encontrado? —era la voz del guardia de rasgos finos, en otro tono, neutro, de hermano mayor que empuja un bote salvavidas hacia el menor que se está ahogando.

—Sí, capitán. Recuerdo las coordenadas.

—Cabo para ti. Marcial.

Suspiré con alivio. Terreno rocoso bajo mis pies.

El guardia rudo miró al guardia llamado Marcial. Éste expulsó el humo azulado del *Marlboro*, pensativo, sopesando mis palabras. El rudo le preguntó:

—¿Por qué no vas a la playa si quieres darte un chapuzón? Está más cerca.

—Me gusta bañarme en alta mar: el agua está más limpia —se incorporó—. Pon a alguien que me releve.

* * *

Subimos a un Renault verde y blanco de la Guardia Civil, el cabo Marcial, el devorador de palillos, otro guardia de piel curtida y pelo gris y servidor.

Me habían proporcionado un mono azul, pero no me habían ofrecido nada de beber ni de comer, por lo que deduje que tenían mal oído y no habían reparado en el gruñido de mis tripas, y desconocían, también, que yo había pasado toda la noche llamando a la puerta de un cuartel abandonado.

En el reloj de la jefatura de Puerto eran las nueve y veinte.

La *Aurora* estaba amarrada entre otras dos lanchas. No había nadie en cubierta. La goma del compresor estaba recogida y la puerta del cofre de popa tenía el candado puesto. Ninguno de los tres guardias miró hacia allí, como si el asunto del robo del yate ya no les interesara.

Nos detuvimos delante de la Comandancia; Marcial se apeó del Renault y desapareció en el interior del edificio.

Tardó unos cinco minutos en regresar. Trepó al Renault y nos dirigimos al muelle del Servicio de Vigilancia Aduanera.

Nos embarcamos en una de las lanchas del SVA. Un aduanero estaba al timón. Era un tipo de aproximadamente mi edad al que yo no conocía, un novato de camisa gris almidonada y raya de pantalones con la que se podría cortar el pan en rodajas.

Enfilamos la bocana.

—¿Rumbo? —preguntó el aduanero a Marcial.

Éste me miró interrogativo.

—Hacia allí —repliqué con el brazo extendido, como Colón, indicando el punto aproximado donde estaba la boya que marcaba la situación del fiambre.

No hablamos. Se oía el runruneo del motor y el rugido intermitente de mis tripas. Los tres guardias se limitaban a fumar con el trasero apoyado en la regala, saboreando la mañana, que era cristalina. Las gaviotas y sus chillidos, con el barrio de la Chanca al fondo, fueron quedando atrás.

Delante sólo teníamos el gran decorado azul, algo blanquecino, y en un punto de aquel enorme telón, a diez metros de profundidad, un fiambre.

Llevábamos unos quince minutos de navegación cuando comencé a volver la mirada para tomar las coordenadas de la costa. La Alcazaba, la Estación, la iglesia de la Chanca y el Centro Náutico.

—Tiene que estar por aquí —se dejó oír mi croar, cinco minutos más tarde, mientras mis ojos buscaban desesperadamente la boya roja—. Es una boya pequeña.

El aduanero puso el motor al ralentí, y cinco pares de ojos escudriñaron la superficie lisa del agua mientras nuestra estela comenzaba a trazar una curva.

Nada. Transcurrieron otros cinco minutos en los que hicimos un círculo completo, y nada.

La Estación, el Centro Náutico, la iglesia de la Chanca y la Alcazaba. No había duda: tenía que ser allí.

—A lo mejor era una de esas boyas que no flotan —ironizó el guardia del palillo, con un palillo nuevo entre los dientes.

Sin duda, los tripulantes del *Alavus* habían levantado la boya.

—Aquí —exclamé con voz decidida, jugándome el todo por el todo, para recuperar la ventaja perdida.

Marcial le hizo una seña al aduanero, y éste paró el motor. El guardia curtido lanzó el ancla.

—Dale un remojón al palillo —le ordenó Marcial al guardia gracioso.

—Yo me tiraré también —intervine, procurando un tono de mando como el de Marcial.

—¿Sabes nadar? —me interpeló el guardia del palillo, recordando las cuatro medallas olímpicas que colgaban de la cabecera de su cama.

—No, no sé nadar; por eso mismo sé hundirme muy bien.

El aduanero sacó de unos de los cofres dos juegos de aletas, gafas y tubos. No necesitábamos traje de goma ni botellas: desde la superficie podíamos localizar el fiambre en el fondo.

Nos lanzamos al agua y, uno a babor y otro a estribor, comenzamos a nadar en zigzag, lentamente, dejando que el fondo se deslizara debajo de nosotros.

A veces creía reconocer aquel fondo, la *Gelidium oceanica,* los bancos de arena y las rocas con bandos de pececillos sobrenadándolas.

Nada. Una hora de carne de gallina y tiritona. Y nada.

El cadáver había desaparecido.

La lancha vino a recogerme.

—Está bien por hoy, marinero —me dijo Marcial, inclinado sobre la borda—. Quizás lo haya arrastrado la corriente.

No había ironía en sus palabras. ¿Qué corriente? Yo les había dicho que tenía una traviesa de hormigón atada al tobillo y que había atado el arpón a la roca.

Me ayudaron a subir a bordo. El guardia del palillo me palmeó amistosamente la espalda.

Yo no comprendía qué había sucedido: ahora me trataban con cierta deferencia, a pesar de que la expedición había sido un fracaso y ni el cadáver ni la boya habían aparecido; sin duda, mi carne de gallina y mi tiritona los habían conmovido.

—¿Son tuyos? —me preguntó Marcial.

Entonces comprendí. Mis ojos se detuvieron en el cinturón de plomo y en la linterna que yo había utilizado la noche anterior, estaban sobre la rejilla de la lancha. Sin duda, el guardia del palillo los había encontrado.

—Sí —grazné.

—Sólo había eso.

Sus palabras quedaron colgando en el aire: «Sólo había eso».

Yo ya no veía la costa, ni el faro, ni las gaviotas; sólo veía aquellas palabras, blancas, sosteniéndose en el aire, graznándose unas a otras: «Sólo había eso».

¿Qué había querido decir, que yo había arrojado al agua el cinturón de plomo y la linterna para apoyar mi coartada? Sí, chico listo.

Cuando arribamos al muelle, Luglio y el Niño se encontraban en la *Aurora* a punto de zarpar. Al vernos, Luglio saltó al muelle y vino raudo adonde nosotros. Antes de atracar ya le advertía a Marcial, agitando el dedo índice en el aire.

—Cuidado, capitán, mucho cuidado, ese chico es como un hijo para mí. Yo respondo por él. Este chico no ha hecho nada.

Marcial se limitó a fulminarle con la mirada. Luglio se derritió:

—Es una persona responsable, coronel —gimoteó—. Su único defecto es que lee demasiado. Yo pagaré todos los gastos —echó mano al bolsillo como si tuviera allí su caja fuerte. Pero debió de encontrarlo vacío, porque se dirigió a mí—. Cógete el día libre, nene. Mañana y todos los días te estará esperando este trabajo. Toma —luego, mientras me tendía un par de billetes arrugados que había drenado por fin del fondo del bolsillo, le dijo a Marcial—: Es un número uno.

Enganché raudo los billetes, aprovechando la ocasión, ya que me debía media paga.

El Niño, desde la *Aurora*, me contemplaba desolado; parecía a punto de llorar. Quise guiñarle un ojo, pero me salió una mueca que delataba la urgencia de mi internamiento en el manicomio.

Los guardias me metieron en el Renault, y éste arrancó con rumbo a un lugar indeterminado.

* * *

En el reloj de pared del despacho del juez eran las doce menos cinco.

Yo había engullido un bocadillo de queso y tragado un par de fantas; me habían facilitado una camiseta que ponía New York, unos pantalones de pana y unas deportivas. «Son de mi amigo», comentó sin sorna el guardia que me las dio; pero eran prendas demasiado grandes para ser del Niño, y Luglio no se fijaba en esa clase de detalles, sólo el dinero contaba para él.

Así que, cuando nos encontrábamos delante de la puerta con el rótulo Juzgado de Guardia, le pregunté al número que me había facilitado la ropa:

—¿Qué amigo?

—... El general.

Deduje que se refería a Marcial, sin demasiada simpatía.

El juez era un individuo menudo, cetrino, de rostro destruido, con gafas de pasta negras; braceaba sobre un montón de papeles que cubrían su enorme mesa de despacho.

—¿Por qué has robado ese yate? —me ladró, así, sin más, sin molestarse en mirarme ni preguntarme el nombre.

Tampoco dejó de bracear entre los legajos como si, si dejara de hacerlo, fuera de verdad a ahogarse.

—... Yo... no he... robado... ningún yate —gorjeé.

—¿Qué pasó? ¿Zarpó solo?

Era un juez con voz de gañán; sin las gafas habría encajado perfectamente detrás de un par de mulas. Encontró al fin un papel y lo leyó.

—¿Cruz Fierro, eh? —no levantó la mirada.

—Este muchacho no se llevó nada, señoría. Nuestros informes son inmejorables. Sólo pretendía dar un paseo en barco, sólo eso. Había luna... y su señoría también habrá sido joven.

Pero ¿qué estaba diciendo?, ¿qué decía aquel monstruo?

El individuo que había hablado, saliendo en «mi favor», había surgido de la nada y se hallaba allí, junto a mí, a mi derecha. Era tan bajo como yo, rechoncho, calvo, de rostro lunar, con barbilla huidiza y tez vinosa y brillante; vestía camisa de manga corta de fibra artificial y ¡una pajarita azul marino! ¿Quién era aquel tipo, mi abogado defensor? Entonces había iniciado mi defensa presentándole al juez la rendición total.

Además la noche anterior no había habido luna.

—No, señoría —intervine para defenderme, con deseos de darle un codazo en el estómago a Rostro Lunar—. Yo nunca he subido a ese barco, es todo mentira. Y anoche no había luna. Yo sólo subí a la *Aurora,* tengo permiso para hacerlo. El patrón es amigo mío, acaba de darme dinero.

Metí la mano en el bolsillo para mostrarle los dos billetes al juez, pero no los saqué, temeroso de que mi «abogado» me los exigiera como pago de sus servicios.

El juez continuó braceando en sus papeles, sin mirarme, todavía no me había mirado.

—Por esta vez, «rapacete» —croó—, lo tomaré como una gamberrada, Sí, yo también he sido joven... —se quedó pensativo—. Una vez... —¡Dios santo, nos iba a contar su vida!— metí la fotografía de una señorita en pantalones cortos en el libro del profesor de religión —comenzó a enrojecer, procurando que no se le desbordaran la risa y los recuerdos. Dios mío—. ¡Jo, jo, jo! ¡Pero yo nunca fui un gamberro! —aulló.

Por supuesto, por eso ahora era juez.

—Este chico es sólo un gamberro en tono menor —balbuceó Rostro Lunar, tratando de echarme una mano... al cuello.

—Harás tres meses de trabajos comunitarios —sentenció el juez, sin mirarme—. No es una condena, porque no te he juzgado. Es sólo un favor que te hago, para que reflexiones, ¡para que tomes el buen camino! Tu asistente social te indicará lo que tienes que hacer.

Sin duda, con eso de «asistente social» se refería a Rostro Lunar. Que se acababa de convertir en una enorme y babeante sonrisa.

—¡Sí, señoría! Por el día trabajará en las algas, para que se gane el pan. Cuanto más jóvenes aprendan a hacerlo, mejor. Por la noche, de diez a doce, limpiará con una escoba las calles de Almería ¡Ya me encargaré yo de ello! —rezumaba satisfacción.

—¡Que pase el siguiente! —bramó el juez, dándose otra zambullida en los legajos.

Ya en el pasillo, mi asistente social transformó su edulcorada sonrisa en una expresión de matón y, agitando el dedo índice debajo de mi nariz, me soltó:

—Has tenido suerte, cretino, porque este juez es muy duro: le llaman el Adoquín. A las diez de la noche te quiero ver en la calle Santa Bárbara. La barrerás y la fregarás.

—No sé dónde está.
—Cerca de la Alcazaba. Pregunta, idiota.
—¿Por qué tan lejos?
—¡Porque lo ordeno yo!

Me vi invadido por una profunda sensación de amargura.

A causa de aquella condena humillante cuando era del todo inocente. Por mi impotencia ante la derrota que me habían infligido Olsen y Ahto.

Pero todo había sucedido como yo sabía que había sucedido, maldita sea, no como creían Luglio, Marcial, el juez, o Rostro Lunar.

Así que continué pensando, allí, a unos seis metros de profundidad, sentado sobre una áspera roca, recolectando algas.

Les di vueltas a unos cuantos pequeños detalles a los que hasta entonces no había prestado atención porque nada tenían que ver conmigo.

Estaba Carlo, por ejemplo, el socio de Luglio, el conductor de la camioneta que transportaba los fardos de algas hasta el secadero.

Era la antítesis de Luglio. Un fulano de boca ruda y mandíbula como un piano, un tipo esquinado, silencioso, que sólo hablaba con el Niño o conmigo para reprendernos duramente. Luglio decía que su madre le había dado de mamar yogur en vez de leche.

Contemplé el manojo de algas que tenía en la mano, ¿para qué servían? Abundaban las grandes praderas de algas al alcance de cualquiera. Si eran tan valiosas, ¿por qué no había otros barcos recolectándolas? No era la primera vez que esta idea me venía a la cabeza, pero siempre la había dejado de lado, Luglio decía que las algas que nosotros recogíamos eran especiales, que él había encontrado el bancal, que guardáramos el secreto, y por eso nos pagaba muy bien. Estaba de más hacerle cualquier pregunta. Quizás Luglio tenía una concesión especial. ¿De todo el mar? Sí, me había parecido ver otras lanchas recogiendo algas, pero trabajaban mucho más lejos.

Mi piel sintió la vibración del agua e, instintivamente, levanté la cabeza. Vi la sombra de un barco, o de una lancha, a unos cincuenta metros de la *Aurora*. Luego, una turbulencia que se separaba del barco y se dirigía hacia ella. Era una *zodiac*. ¿Qué significaba aquello?

Recordé que no era la primera vez que veía una maniobra parecida; recordé también que una vez le había preguntado a Luglio, y éste me había respondido que era la gente de un yate que le había regalado unas botellas de vino. Efectivamente, me mostró un par de botellas de vino tinto.

¿Qué significaba aquello?

El Niño se encontraba también sumergido, a unos treinta metros a mi derecha; yo veía parte de su goma, pero no le veía a él. Así que Luglio se encontraba solo en la lancha.

Yo podía pensar cualquier cosa.

La *zodiac* permaneció un par de minutos junto a la *Aurora*. Luego regresó a su barco nodriza, y éste partió al instante.

Más tarde, cuando emergí, terminada la faena del día, hice un recuento disimulado de los fardos: doce. Era lo habitual, fardos de unos treinta kilos de peso, húmedos, de un volumen cada uno como la cabina de un Seat 600.

Y en la lancha no había nada que no fueran los objetos habituales: nuestra ropa, la bolsa de los bocatas, los equipos de inmersión y el humor risueño de Luglio, enroscado en la barra del timón.

A las ocho de la tarde regresé al puerto para cargar la camioneta de Carlo.

Era una Nissan de cabina azul y caja blanca, casi nueva.

Carlo, encaramado en la caja, cogía los fardos que el Niño y yo le pasábamos desde tierra y los estibaba cuidadosamente. Era la cosecha de tres días, es decir, treinta y seis fardos en total.

Carlo no nos miraba, tampoco nos dirigía la palabra, como si no existiéramos. Luego se iría sin despedirse, para reaparecer a los tres días. ¿Qué hacía durante todo ese tiempo? Permanecer sentado en el sillón de un dentista, sin duda.

Terminada la faena, Carlo saltó al muelle y miró hacia el bar *Cuatro Vientos*, donde Luglio recuperaba fuerzas mientras nosotros currábamos, pero no debía de tener nada que decirle, porque se encaramó a la cabina de la Nissan, arrancó y se esfumó.

Me quedé contemplando cómo se alejaba la camioneta. De pronto me entraron ganas de seguirla, pero había dejado a *Espanto* aparcado delante de la pensión y había bajado al muelle a pata.

—¿Tienes una moto? —le pregunté al Niño.

—¿Una moto? Sí, tengo una en el bolsillo, pero me parece que me la he dejado en el otro pantalón.

El sueño del Niño era tener una Harley, que no podría manejar, por eso recogía algas.

—Déjalo. Me voy a dormir.

—... Una moto.

El jueves tendríamos allí de nuevo la camioneta. Entonces bajaría al puerto en *Espanto*.

Cada treinta segundos, la piel transparente de Akka, sus ojos avellanados y su capucha roja, clavaban sus garras en mi estómago haciéndole sangrar como si tuviera una úlcera.

Sabía dónde podía encontrarla, en un cortijo restaurado, daría con él aunque me costara un año conseguirlo. ¿Por qué no ahora? Eran pasadas las nueve y a las diez tenía mi trabajo social. Mi estómago sangró otro poco. Habíamos estado esperando la maldita camioneta durante dos horas. De no ser así habría iniciado mi expedición en busca del cortijo aquella misma tarde.

¿Dormir? Ni pensar en dormir, tenía por delante el barrido y fregado de un par de calles: trabajo social, tío.

A las diez en punto me encontraba en la calle Santa Bárbara.

Un minuto después apareció el espécimen de rostro lunar en camisa de manga corta, bermudas y chanclas de goma. Venía acompañado de un chico de unos diecisiete años, en vaqueros, camiseta de la Sociedad Protectora de Animales y Plantas y deportivas, con una melena oscura hasta los hombros, ojos como uvas y semblante despierto, pero del tipo que se esfuerza en pasar inadvertido. Empujaba un carrito con ruedas de bicicleta lleno de escobones y mangueras.

—En punto, así me gusta —gorjeó Rostro Lunar. Nos presentó—: Tú eres Puente y tú eres Fierro. Puente de Hierro, jo, jo, jo. Quiero que dejéis esta calle como el culo de la mona Chita.

—????

—????

—Hasta las doce. Todas las noches hasta que yo diga.

Puente me tendió la pezuña.

—Los amigos me llaman Guarro. ¿Cómo estás?

¿Guarro?

—Mis amigos me llaman Cruz —miré a Rostro Lunar—. Cruz de Hierro, jo, jo ,jo.

—Cuidado, nene.

Guarro se dirigió a Rostro Lunar.

—¿En qué número vives, maestro?

—¿Yoooo? ... ¿Eh? ... En el catorce. La calle como una patena, ¿entendido?

—Sí, jefe.

Rostro Lunar dio media vuelta y se esfumó.

—Con que limpiemos delante del número catorce bastará —me ilustró el Guarro—. Quizás un poco más si nos aburrimos. Tengo experiencia... Yo afané un ruedas. Tú ¿qué afanaste, Cruz?

—¿Yo?... Un barco.

—¿Un barcooooo?... Eso es algo grande, colega. ¿Y qué te pasó?

—... Me falló el comprador. Yo, si no te importa, te llamaré Puente.

—¿Por qué, tío? Yo soy el Guarro, colega. ¿No somos colegas?

—Como quieras.

Me cayó bien el Guarro, un afanador de coches que no olía a nada.

* * *

El martes dio paso al miércoles.

Aquella tarde encontré el cortijo de Akka, pero nadie respondió a mi llamada a la puerta. Aquello me había desmoralizado. ¿Se habría ido? No lograba olvidarla.

Jueves.

Durante las cuatro horas mañaneras de inmersión estuve vigilando, mirando hacia la superficie cada quince segundos. Pero no sucedió nada especial: ningún barco misterioso fondeó junto a la *Aurora*, Luglio no se cayó al agua, el Niño no vomitó en la mascarilla como le sucedía a menudo, a punto de ahogarse.

Faltaban sólo unos minutos para las tres cuando arribamos a puerto. La camioneta no había llegado. Iba a preguntarle a Luglio, pero me contuve: lo mejor era mostrar indiferencia, él no había vuelto a referirse al robo del yate y tácitamente parecía que todos queríamos olvidarlo.

Una vez desestibados los fardos, Luglio nos dijo:

—A las nueve os quiero ver aquí.

Eso quería decir que la camioneta no aparecería hasta tan tarde. Lo que me contrarió: apenas tenía margen de tiempo si quería seguirla.

Efectivamente, la Nissan se presentó a las nueve menos cinco. Carlo le dedicó una mirada a Luglio como saludo y nada para el Niño ni para mí.

Iniciamos la carga de los fardos, Carlo en la caja y el Niño y yo en el muelle.

Terminamos a las diez menos veinte. Carlo soltó un gruñido al aire como despedida, esa noche estaba afectuoso, trepó a la cabina, arrancó y enfiló hacia la salida del puerto.

—Adiós. Estoy de limpieza —me despedí del Niño.

Nada de limpieza. Me encaramé en *Espanto*, arranqué y me puse en la estela de la camioneta.

No llegaría a tiempo a mi sesión de barrido y fregado, pero ya le había advertido a Guarro que quizás llegaría tarde. «No hay problema, colega, estás tratando con el Guarro». Rostro Lunar no había aparecido las dos últimas noches para supervisar nuestro trabajo, y eso que sólo tenía que asomarse a la puerta de su casa para hacerlo. Si se chivaba al juez de mí, yo le denunciaría por abandono de obligaciones, ¡para eso pagaba mis impuestos!

Cruzamos la rambla para salir de Almería. Creí que la

Nissan se dirigiría a La Cañada, pero giró a la izquierda, poniendo rumbo a Viator. Yo pensaba que los secaderos los tenían en La Cañada, eso me había parecido oírle decir a Luglio una vez.

Un par de kilómetros más adelante, la camioneta giró de nuevo y tomó un camino a la derecha. ¿A dónde nos dirigíamos?

Rodamos durante otro kilómetro, de noche ya, y, al fin, la camioneta se detuvo. Saqué a *Espanto* del camino y frené con el pedal y la palanca del freno de mano.

A la luz de sus faros traté de adivinar dónde se había detenido la camioneta. Yo no había encendido las luces de *Espanto* para que Carlo no advirtiera mi presencia. Salí del coche.

Carlo estaba ya descargando. Lo hacía de cualquier manera: abría la red y dejaba caer las algas por un costado de la camioneta. Trabajaba rápido, sin detenerse cuando miraba a su alrededor, buscando la luz de otros faros seguramente.

De pronto se quedó clavado, con un fardo en la mano mirando en mi dirección. *Espanto* se encontraba a unos cien metros y era imposible que lo viera. Quizás había visto un brillo metálico o el reflejo de uno de los cristales.

Reanudó la descarga. Abrí la puerta del coche, quité el freno de mano y lo empujé para alejarlo aún más del camino.

Carlo saltó al suelo. Con los pies separó las algas de las ruedas de la camioneta; luego vi cómo se agachaba y encendía un mechero o una cerilla. Se metió en la cabina, arrancó, hizo la maniobra y los faros de la Nissan iluminaron el camino de vuelta.

Cuando cruzaba a mi altura la camioneta casi se detuvo. Sin duda, los ojos de Carlo buscaban la causa de aquel brillo misterioso. Pero yo había alejado *Espanto* a una distancia prudencial del camino.

La camioneta desapareció en la noche.

Un vertedero. Sí, aquél era el vertedero de la basura de uno de los pueblos cercanos. Era allí donde Carlo había arrojado las algas, era allí donde iba a parar nuestra cosecha, tan duramente recolectada y pagada a muy buen precio.

Y estaban ardiendo. Las algas ardían lentamente y sin llama, pues su interior estaba todavía lleno de agua. Por la mañana habría allí sólo un montón de ceniza.

De regreso a Almería, me sentí perfectamente idiota, por el trabajo tan inútil que estaba haciendo, aunque estuviera bien pagado, por la forma en la que me estaban manipulando todos. No me había sucedido nada tan tonto en toda mi vida. Si de pronto desaparecía, la Humanidad no me echaría de menos.

Por eso aceleré hacia la calle Santa Bárbara, necesitaba dar unos escobazos para sentirme útil, pasar la manguera, llamar a la puerta de Rostro Lunar para que me felicitara con una palmadita en la espalda.

Guarro ya se había ido. Había dejado unos sesenta metros de calle como una patena. Todo un récord.

* * *

A la mañana siguiente, antes de ir al trabajo, trepé a *Espanto* y enfilé hacia Níjar. Quería contarles a los guardias lo que había descubierto: que las algas iban a parar a un vertedero donde eran destruidas. Dejarían de tomarme por un ladronzuelo, me tomarían sólo por un idiota.

Me recibió el Sargento, en su despacho. Antes de exponerle mi teoría, llamó a Marcial: «Al bucanero se le ha ocurrido otra historia». Con los dos delante largué lo que mis ojos habían visto la noche anterior. Me escucharon sin interrumpirme, ahogando el primer bostezo del día.

—¿Fumas droga? —me preguntó el Sargento de sopetón, cuando yo daba muestras de quedarme sin palabras.

¿A qué venía aquello?

—No fumo nada —ah, ya caía—. Si quiere decir con eso que lo he soñado le diré que anoche, cuando vi cómo descargaban las algas y las quemaban, estaba muy despierto, como lo estoy ahora.

El Sargento abrió la carpeta de un expediente dando a entender que yo ya estaba allí de más.

—La excavadora comienza a trabajar en ese vertedero a las seis. ¿Crees que vamos a ordenar que quiten la tierra de nuevo para comprobar que tú no te has fumado un porro? La Guardia Civil tiene cosas más importantes que hacer: debe impedir que no desembarquen piratas en la costa, y ayer vieron a un sujeto con un parche en un ojo tomando notas en el tesoro del Carambolo —me miró—. Los guardias civiles también soñamos, y no necesitamos fumar porros. ¡Largo de aquí!

Puse grupas, sin replicar, con las orejas caídas. Estaba

abriendo la puerta de *Espanto* cuando oí una voz a mi espalda.

—Espera.

Me volví. Era Marcial. Venía hacia mí, con las manos hundidas en los bolsillos, displicente, como si hubiera decidido ir a desayunar conmigo.

Se detuvo y se quedó mirando hacia su derecha, reflexivo.

—¿Cuándo se cargará la próxima camioneta?

—Pasado mañana.

—¿A qué hora?

—No tenemos hora fija, puede que a las tres, o a las seis... Quizás a las ocho.

Me miró.

—¿A cualquier hora?

—Sí.

Rumió mi información, barajando fechas y horas. Luego dio media vuelta y, sin decirme nada, desapareció en el interior del cuartel.

De nuevo en el puerto, dejé *Espanto* y corrí hacia la *Aurora*. Luglio y el Niño estaban ya en cubierta, a punto de zarpar.

Me disponía a saltar a la lancha cuando Luglio levantó la cabeza de golpe.

—¿Adónde vas?

Frené en seco. Aquel tono ¿Qué sucedía? Nunca antes había oído a Luglio emplear un tono tan duro, tan amenazador, el tono de un enemigo.

—... Todavía no son las diez —balbucí—. He llegado a tiempo.

Me alcanzó el odio de su mirada.

—Tú no trabajas más aquí. No vuelvas a pisar esta lancha.

La lancha comenzó a separarse lentamente del muelle. El Niño mantenía la vista baja.

—¿Por qué? —grazné.

—Porque yo no empleo a delincuentes.

No, aquello no era cierto. De pronto comprendí que Carlo había reconocido a *Espanto* en el vertedero. Esa idea me dejó confuso, y luego tranquilo. Eso es.

Acababa de convertirme en madera, una madera dura.

El Luglio que había conocido hasta entonces no era más que una máscara; el Luglio con el que acababa de hablar era el verdadero Luglio.

Otra pieza que encajaba.

Me quedé en el borde del muelle contemplando cómo se alejaba la lancha, hasta que alcanzó la bocana.

Trepé a *Espanto*. Arranqué.

—*¿Cómo andamos de gasolina?* —le pregunté, campechano.

—*Yo bien, ¿y tú?*

—Eh, era sólo una pregunta amistosa.

—*Era una respuesta educada. Mi primera propietaria estudió en un internado en Suiza.*

—*Ya me lo has contado... Oí que un juez la matriculó en ese internado con rejas para un curso de dos años y un día.*

El motor gimió penosamente.

—*No es cierto.*

—*Lo siento. No debería haberte dejado ver que lo sabía.*

Me dio por pensar que, si me habían descubierto, interrumpirían la operación de arrojar y quemar las algas en el vertedero. Entonces, Marcial pensaría que le había engañado. Se esfumaba así la única posibilidad de solucionar todo el embrollo. Y me preocupaba decepcionar a Marcial, la única persona que había dado hasta entonces la cara por mí.

Veamos. Piensa, Fierro... Zzzzzz... zzzzzz.... Golpeé con la mano el polvoriento salpicadero.

—*Despierta, Espanto. He puesto el radar en marcha.*
—*Es lo primero que deberías haber hecho.*
—*Zzzzzzz... zzzzzz...*
—*¿Pequeña idea en el radar, jefe?*
—*... Sí, creo que sí.*
—*¿Lejana, imprecisa?*
—*Eso es.*
—*¡Ya lo tengo!*
—*Escúpelo.*
—*Contrabando.*
—*Contrabando. Es lo que yo había pensado. Pero ¿qué tipo de contrabando?*
—*Demasiado pronto para saberlo. Además eso es indiferente, da igual...*
—*Continúa.*
—*Lo recoge el* Alavus *en alta mar.*
—*¿Cómo? ¿De quién? ¿Cuándo?*
—*No me presiones. Levanta un poco el pie del acelerador.*

—*Entonces nos paramos.*

—*¿Y qué?*

—*Dime algo.*

—*... Se lo pasa a la* Aurora.

—*¡Y Luglio lo descarga camuflado dentro de los fardos de algas!*

—*Bingo. Eres un genio.*

Sí. Pero ¿cómo?, ¿dónde?, ¿cuándo?

El *Alavus* permanecía casi siempre amarrado al muelle. ¿Casi siempre? Por la noche yo no pisaba el puerto, me dedicaba a otros menesteres, a barrer calles, por ejemplo. El yate podía zarpar por la noche y hacer su pesca especial en la oscuridad. Perfecto. Algo seguro y sin testigos. Pero ¿dónde, cómo?

Giré en redondo y regresé al puerto.

Dejé a *Espanto* en el aparcamiento. Luego me senté en el pretil, entre dos viejos pescadores que fumaban un par de estacas para desquitarse del aire puro que habían respirado durante toda su vida, y me puse a vigilar.

No sucedió nada.

No sucedió nada durante todo el día. No le quité ojo al *Alavus*. Éste no se despegó del muelle y nadie subió a bordo, parecía un barco abandonado.

Decidí vigilar también durante la noche.

Así que, en el *Cuatro Vientos* engullí un bocata y me tragué una *fanta*, me metí en *Espanto*, saqué la radio de debajo del asiento, la conecté y me dediqué a escuchar con los ojos puestos en el yate.

—*Otra vez la pedorrera musical. Mi primera dueña...*

—*Tu primera dueña era una falsificadora de cheques. Cierra el pico.*

Música y una pequeña cabezada de vez en cuando.

La noche se deslizó de puntillas. De puntillas llegó la aurora, hija de la mañana.

Ocho horas de vigilancia.

Y nada.

El *Alavus,* dentro de mi cerebro, se había convertido en el bergantín de *El holandés errante.*

Nuevo bocata y café en el *Cuatro Vientos* para mantenerme despierto.

A las diez, la *Aurora* zarpó puntual como cada mañana, con Luglio, el Niño y una especie de raspa de sardina, de unos diecisiete años, mi reemplazo, al que le vendrían grandes todos los trajes de goma.

A eso de las once, al fin, tuve mi recompensa. Un BMW-525, verde helecho, ocupó una plaza del aparcamiento del muelle deportivo. Olsen y Ahto salieron del coche y se dirigieron directamente al *Alavus.*

Un par de minutos después, el motor rugió, y el yate comenzó a separarse del muelle flotante.

Alcanzó la bocana y puso rumbo a alta mar.

Podía tratarse sólo de un paseo. ¿A aquella hora? No, los individuos de esa clase no utilizan la mar para pasear. ¿Una expedición de pesca? Improbable: no habían traído nada, ni una cesta con la carnada y la merienda; se podía suponer que tuvieran aparejos en el yate. ¿Pesca submarina? Humm, era posible: quizás guardaban los equipos en el yate. Pero continuaba faltando la cesta con algo de comida y una botella.

Veinte grados Este, algo así, aquél era el rumbo que había tomado el *Alavus*. Así que, si no lo cambiaban, navegarían casi paralelos a la costa, lo que coincidía con una posible partida de pesca submarina.

Trepé a *Espanto* y enfilé hacia mi pensión.

Me duché y me enfundé una camiseta limpia, *I love the elephants*.

Media hora después me encontraba de nuevo dentro de *Espanto*, en el aparcamiento del muelle deportivo, tratando de dormir, con un ojo en el muelle flotante y el otro en el BMW verde helecho.

Regresaron a eso de las dos. En el mismo rumbo en que les había visto alejarse, inverso, así que había sido un viaje de ida y vuelta. ¿Adónde?

Amarraron, desembarcaron, sin nada en las manos, sin sonreír, treparon al BMW y se largaron.

Continué mi vigilancia, sin desfallecer.

Serían las cuatro cuando, sorpresivamente, la Nissan de Carlo apareció en la entrada del muelle. Aparcó enfrente del punto de amarre de la *Aurora* y nada más, porque el efusivo Carlo no descendió de la cabina.

Aquello era algo excepcional, la camioneta nunca nos había esperado en el muelle, todo lo contrario.

Y el efusivo Carlo parecía impaciente. Porque al fin había salido de la camioneta y se dedicaba a consumir pitillos mientras daba vueltas por el muelle echando continuas miradas hacia la bocana esperando sin duda la arribada de la *Aurora*.

Ésta apareció pasadas las cinco. Pude contar siete fardos de algas. Lógico, se hacia notar la falta del currante Fierro.

Desestibaron, cargaron la camioneta sin orear las algas y ésta salió pitando.

Y yo detrás.

Habían adelantado dos días la carga de la camioneta, lo que no coincidía con la información que yo le había dado a Marcial. Pero no le había llamado, yo solo me había metido en el embrollo y solo quería salir de él.

Cruzamos la rambla. Pero esta vez no tomamos la carretera de Viator, sino que continuamos hacia La Cañada.

El efusivo Carlo no hacía nada para evitarme, algo que hubiera conseguido fácilmente con sólo pisar a fondo el acelerador.

—*Mete la tercera.*

—*No, te desintegrarías.*

—*¿Qué importa eso? Me gustaría acabar con las botas puestas.*

El Alquilán... Ventas de Retamar... Un par de kilómetros más y giro a la derecha para tomar un camino de tierra.

La Nissan recorrió apenas otros quinientos metros y se detuvo. Yo hice lo mismo, a unos doscientos metros. Y no necesitaba acercarme más para comprender que aquella mancha oscura que se extendía en el suelo eran algas puestas a secar.

No comprendía nada. Me sentía perfectamente idiota. Ahora resultaba que sí secaban las algas. ¿Por qué las habían arrojado a un vertedero un par de noches antes? ¿Se trataba de un cargamento en mal estado? No existía ninguna respuesta para mí.

Carlo comenzó a descargar los fardos. Había algo extraño en su comportamiento: trabajaba muy deprisa y no dejaba de consultar el reloj.

Descargados todos los fardos, Carlo les quitó la redecilla. Creí que el paso siguiente sería extender las algas, pero no, Carlo arrojó las redecillas a la caja de la camioneta, trepó a la cabina, arrancó y comenzó a hacer la maniobra para tomar el camino de vuelta.

Saqué a *Espanto* del camino y lo oculté detrás de un pequeño talud.

La Nissan cruzó delante de mí perdiéndose en dirección de Venta de Retamar.

Y esperé.

Mi vida iba a consistir ya sólo en eso: esperar. Y el fruto de una espera me llevaría a otra espera, así eternamente.

Y llegaron las ocho. Y como llegaron se fueron.

Las nueve. Casi de noche ya. Llegaría otra vez tarde a mi trabajo de aseo de calles. No quería abusar del Guarro: comenzaba a sentir que la relación entre nosotros era de amo-criado.

Estaba a punto de largarme de allí cuando apareció la luz de unos faros en la carretera. Al llegar al cruce del camino, los faros giraron a la derecha para tomarlo.

Los faros pertenecían a un BMW-525 verde helecho.

Mi corazón se convirtió en un timbal.

El coche se detuvo junto al montón de algas que Carlo había descargado tres horas antes. Se apagaron los faros.

Dos sombras salieron del coche, Olsen y Ahto, sin duda. A patadas deshicieron el montón de algas, pero sin extenderlo. Las sombras se detuvieron, una de ellas se agachó y pareció coger algo. Seis o siete segundos y subieron de nuevo al coche. Éste arrancó, giró y, un minuto después, la luz de sus pilotos desaparecía en la carretera.

Trepé a *Espanto* y me puse en su estela.

Carretera estrecha, pero con raya blanca en el centro. Cinco kilómetros. Más carretera estrecha. Giro a la derecha... El Barranquete. Lo cruzamos... Carretera estrecha, pero bien asfaltada. Nuevo giro, esta vez a la izquierda... Los Nietos.

Akka.

Mi estómago comenzó a sangrar.

Yo no había encendido las luces de *Espanto* para que no advirtieran que los seguía, así que conducía un poco a tientas. De vez en cuando me cruzaba con algún coche que hacía sonar histérico su claxon, pensando que se cruzaba con un fantasma.

Dejamos atrás Los Nietos, rumbo a El Pozo o Rodalquilar.

De pronto, ¡sorpresa!, el BMW tomó un camino estrecho y serpenteante que a la luz de los faros me resultaba conocido... ¡Sí! ¡Allí lo tenía! ¡El cortijo restaurado! ¡La barandilla de bloques! ¡El patio con la morera y el almez!

La casa de Akka.

El cortijo de Akka.

El museo de historia natural.

Detuve a *Espanto* a la entrada del camino.

Akka.

Así que Akka.

Mi desconcierto era total.

¿Por qué? Tenía que haberlo deducido mucho antes. En realidad lo había pensado, pero había reprimido aquellos pensamientos: una voz interior no había dejado de repetirme que si Olsen y Ahto habían dado conmigo en Los Nietos era porque Akka les había dicho dónde me encontraba.

Me había delatado.

¿Por qué? Seguramente cuando me llevaba en la moto y yo le había contado, con el hocico hundido en su pelo, mi escaramuza con el *Alavus*, sin duda me tomó también por un ladrón de barcos, por eso me abandonó en Los Nietos marchándose sin despedirse.

Todo encajaba perfectamente. No, no todo: había una pieza, una sola, que no encajaba.

Cruz Fierro.

Oí cómo se cerraban las puertas del BMW. Dejé *Espanto* y escalé rápido el pequeño talud que comunicaba con el patio del cortijo. A la luz del farol vi a Olsen y a Ahto entrar en la casa.

No llevaban nada en la mano. Eso me hacía suponer que si habían cogido algo escondido entre las algas, algún tipo de paquete, sin duda lo habían dejado en el coche.

Esperé.

Y me dormí. Toda la noche pasada en vela.

Mis propios ronquidos me despertaron tumbado en medio del camino.

El BMW continuaba donde lo habían dejado. Ahora no había ninguna luz en la casa, ni siquiera estaba encendido el farol del patio.

A eso de las dos creí que eran mis ronquidos los que me despertaban de nuevo, pero era el motor de un coche que se había puesto en marcha. ¡El BMW!

Cruzó a sólo un par de metros de donde yo estaba tumbado. Conducía Olsen, y Ahto se encontraba a su lado. La noche les engulló.

Me puse de pie y contemplé la casa, con las manos en las caderas. ¿Estaría Akka adentro? ¿Estaría sola? Se había referido a su padre, ¿Olsen o Ahto?

Fruncí el entrecejo, cerré el puño y golpeé enérgicamente la puerta. Nada. La golpeé de nuevo.

El farol se encendió. Segundos después, la puerta se abrió.

Sus ojos avellanados me contemplaron atónitos.

—Esta vez vengo vestido y no soy ningún ladrón —aullé.

Akka me miró de arriba abajo.

—Pues lo pareces.

Ése fue su veredicto, con su voz de cantos rodados.

Dejó la puerta. Entré.

Me detuve, coloqué de nuevo las manos en las caderas, las quité y las metí en los bolsillos.

—Creo que te debo una explicación —el tono de mi voz pretendió ser mundano, pero sonó a rastrero.

—¿A las dos de la mañana?

Llevaba puesto el albornoz rojo con la capucha, y pantuflas en los pies; sus párpados estaban algo hinchados, sin duda la había sacado de la cama.

—¿Son ya las dos? —aullé, tratando de comprobar la hora en mi desnuda muñeca—. Es igual. Ya que estoy aquí quiero que queden las cosas claras entre nosotros... Pienso..., creo..., estoy casi seguro de que tus amigos del *Alavus*, o tus familiares, lo que quiera que sean, se dedican al contrabando. ¡Y yo no robé el barco!, ¿entendido?

—¿Qué pretendías entonces llevándotelo?

Mis ojos se detuvieron en una fotografía enmarcada sobre una de las mesas: Akka con Ahto, reclinando tiernamente la cabeza en su hombro.

—¿Es tu padre? —le pregunté con crudeza, indicando la fotografía.

—Sí.

Entonces me había mentido al decirme que se había ido de viaje.

Su padre era el oso. Dios mío. ¡Y yo acababa de meter el remo, acusándole de contrabandista! Puntuación para Fierro Seductor: Cero.

—Bien —mi voz se convirtió en algo acaramelado—, lo del contrabando es sólo una teoría. Y yo me he visto involucrado en el asunto —tracé unas aspas en el aire: tachado—, pero no estoy interesado en esa clase de negocios —nada de decirle que a aquella hora debía estar barriendo una calle—. Me resulta humillante eso de navegar o conducir con las luces apagadas.

Iba a continuar, comenzaba a gustarme lo que estaba diciendo, cuando ella me interrumpió:

—¿Contrabando? ¡Ja, ja, ja!

¡Se reía! ¡Se estaba riendo! ¡A carcajadas!

—Bueno... Si no es contrabando..., es algo parecido —gorgoteé, un tanto confuso.

Akka abrió el cajón de una de las mesas y sacó un montón de fotos.

—... Para ti... Te las regalo... —la risa casi le impedía hablar—. ¿Sabes lo que es la fotografía submarina?

Abrió uno de los armarios empotrados en la pared: media docena de estantes estaban repletos de cámaras fotográficas, flases y objetivos.

Tembloroso, cogí las fotos. Eran bellas fotografías en color del fondo marino: corales, algas, la estructura borrosa de un pecio, anclas semienterradas en la arena, una especie de muralla, toda clase de ánforas...

Me encontraba totalmente desconcertado, como si hubiera pasado al estado gaseoso.

—Mi padre es oceanógrafo. Toda una autoridad en Finlandia. ¿Contrabando? Un día te llevaré, si quieres venir. ¿Sabes bucear con botellas?

—¿Dónde las hacéis? —gorjeé.

—Debajo del agua.

—¿Sabes nadar? —yo ya no sabía lo que decía.

—¿Quieres echar una carrera?

—¿Ahora? —aullé.

No me llegó su respuesta. Ya no reía. Miraba por encima de mi hombro, aterrada.

Volví la cabeza de golpe y me encontré con Olsen, mejor, me encontré con una mirada con un destello de locura, me apuntaba con un fusil de pesca submarina.

Sí, compañero, creételo, todavía me siento orgulloso de mi reacción, fueron sólo unas décimas de segundo, unas décimas en las que mi cerebro trabajó con toda intensidad.

Supe que iba a disparar contra mí, supe que me iba a matar, supe que si me arrojaba al suelo, o hacia un lado, Akka, a mi espalda, recibiría el arponazo. Leí la locura en aquellos ojos enrojecidos. Supe que debía reaccionar con frialdad.

—¡No disparéis contra Caperucita! —grité.

Aquella salida idiota, sin duda, desvió la atención de Olsen; tiré el mazo de fotos contra la pared mientras retrocedía arrollando a Akka y derribándola.

—¡Por allí! —me gritó Akka, indicando la puerta que había a nuestra izquierda.

Agachado, como si me encontrara en una trinchera, me lancé por aquella puerta.

Se oyó un zumbido metálico y letal, luego el choque duro y seco del arpón al clavarse en el marco a un palmo de mi cabeza. Crucé la habitación que tenía delante y me zambullí por el hueco de una ventana abierta yendo a caer en cualquier lugar.

Corrí en busca de *Espanto*, preguntándome ya si Ahto me estaría esperando junto al coche.

No había nadie, sin duda no lo habían visto. Me zambullí en él, arranqué y huí de allí.

Cuando, con Los Nietos ya a la vista, a más de ochenta, apurando el último suspiro de *Espanto*, eché una mirada al retrovisor, no vi la luz de unos faros siguiéndome.

Ya en la primera curva, cardiaco, encendí las luces y levanté el pie del acelerador.

Había intentado matarme. Yo significaba un peligro, lo que confirmaba que mi teoría, al menos en parte, era acertada.

Contrabando. Algo gordo, drogas seguramente.

Continué pensando.

La clave se encontraba, sin duda, en el lugar donde Olsen y Ahto se sumergían simulando hacer *fotografía submarina*.

¿Por quién me tomaban?

Akka no me había engañado, me pareció sincera. Pero sólo tenía dieciséis años y sus mayores no la habían puesto al tanto de sus negocios.

Podía apostar a que el lugar donde se sumergían se encontraba en la ruta de los mercantes que, después de cruzar el estrecho de Gibraltar, se dirigían a alguno de los puertos del sur de Europa: Barcelona, Marsella, Génova...

Mi teoría (la número diecisiete) era que, desde algún mercante procedente del Norte de África, arrojaban los paquetes de contrabando, droga, en el punto convenido. El *Alavus* los recogía del fondo del mar y se los pasaba a la *Aurora*, que los descargaba camuflados dentro de los fardos de algas.

El *Alavus*, al dejar la bocana, tomaba un rumbo de veinte grados Este. Si se trazaban las coordenadas de ese rumbo y las de la ruta de los mercantes, el lugar donde se cortaban sería sin duda donde se producía el encuentro.

Algo impreciso, porque la ruta de los mercantes sería un amplio abanico, dependiendo del puerto de destino.

Ingenioso.

¿Pero real? Humm. No estaba seguro del todo. Y la única forma de estarlo era averiguar las coordenadas de aquel misterioso punto de encuentro.

Así que, la noche siguiente, a eso de las doce, después de mi sesión de escoba con el Guarro, subí a la Alcazaba, me senté en una de las almenas de la muralla y comencé a observar las luces de los mercantes que cruzaban rumbo Norte hacia puertos remotos.

Permanecí un par de horas contemplando cómo se deslizaban luces en la oscuridad.

Luego me fui a dormir.

Dormí como un leño.

Y me levanté hacia las nueve. Engullí un desayuno en el bar de la esquina y, a las diez, me encontraba de nuevo en el puerto.

A esperar. Pero ahora tranquilo, no tenía prisa.

Serían las once cuando apareció el BMW verde helecho. Con Olsen, Ahto y Akka.

Akka. Una poderosa garra me apretaba el pecho.

Embarcaron en el *Alavus*. Me pareció, o quise creer, que *ella* se mostraba reacia a embarcar, incluso su padre se dirigió a ella enérgicamente. En el último instante, por alguna razón desconocida, Olsen desembarcó.

Rumbo: veinte grados Este.

Olsen salió del puerto a pie.

Decidí poner en práctica la idea que, como un pequeño gusano, había estado fabricando túneles en mi cerebro toda la noche: las fotos submarinas, deseaba echarles otro vistazo.

Enfilé hacia La Chanca: era allí donde vivía el Guarro. Después de preguntar a media docena de personas, encontré su guarida. Me recibió en calzoncillos, le había sacado de la cama.

—¿Adónde vas, tío, tan de madrugada?

Eran las doce.

—Necesito tu ayuda, como siempre. Necesito que me eches una mano.

—¿Pasta? Lo siento, estoy limpio.

—No —miré a mi alrededor, bajé la voz—. Tengo que hacer una visita a una casa sin inquilinos y he perdido la llave.

Pensó mis palabras.

—Sí, quizás yo te pueda ayudar. En el correccional estudié cerrajería.

El Guarro trataba de impresionarme dándose aires de profesional. Lo primero que hizo fue llamar a la puerta del cortijo para asegurarse de que en el interior no había nadie. Al no recibir respuesta, rodeó la casa en busca de una ventana u otra puerta abierta. Ya de vuelta, sacó un artilugio de alambre del bolsillo y lo introdujo en la cerradura, accionó una especie de muelle del artilugio, como si estuviera disparando con una pistola, se oyó un clic y la puerta se abrió como por encanto.

—Sírvete —el Guarro me ofreció el paso.

Yo podía estar equivocado.

Y es que me bastó dar un repaso somero a la casa para encontrar tres equipos de inmersión, un par de cámaras de vídeo submarinas y una habitación interior que sin duda servía de laboratorio fotográfico.

¿Se dedicarían de verdad a la fotografía submarina?

Humm. No sabía qué pensar.

Estudié la marca que el arpón había dejado en el marco de la puerta. Habían tapado el agujero con yeso, pero la marca continuaba allí. Me acordé también del cadáver con un arpón clavado en la espalda y un peso atado a los pies, bien real: yo sabía distinguir la realidad de los sueños.

Abrí el cajón de una de las mesas y saqué todas las fotos que Akka me había mostrado.

La mayoría eran de corales, muy bellas, de diversos tonos, preferentemente de un blanco rojizo. Pecios, áncoras, anclas de todo tipo... En dos de las fotos se veía una especie de muralla submarina formada por grandes piedras sillares, de un metro de altura aproximadamente, aunque resultaba difícil precisar la escala. Era una imagen borrosa; por la luz, calculé que se encontraría a unos veinte metros de profundidad. La construcción resultaba curiosa por encontrarse sumergida.

De pronto, el motor de un coche. ¿Un coche? Me había parecido oír un motor. ¿Olsen? No, Olsen esperaría la arribada del *Alavus*.

Y no había nada más. Ningún paquete de droga olvidado sobre un aparador, ningún escondrijo secreto, ningún documento comprometedor, ninguna fotografía de Olsen y Ahto con el traje a rayas de presidiario.

El Guarro le había dado un repaso al frigorífico. No me importaba, ya no me importaba que el amigo Olsen supiera que había habido intrusos en su casa.

Era una especie de reto.

Eran las dos cuando los neumáticos carcomidos de *Espanto* cruzaban de nuevo el puerto en busca de un lugar donde aparcar.

Enseguida vi a Olsen, en el muelle deportivo, esperando, me pareció que impaciente.

Faltaban diez minutos para las tres cuando apareció en la bocana la proa del *Alavus*. Su rumbo era el habitual: dándole la popa a veinte grados Este. Al timón estaba Ahto; supuse que a Akka sólo la llevaban para vigilar el yate durante la inmersión.

Acababa de pisar Akka el muelle cuando me dirigí hacia ella, sin vacilar. Se encontraba entre su padre y Olsen. Convertí las manos en puños.

—Hola, Akka. Qué sorpresa. Te invito a un helado.

—Bueno— fue su respuesta espontánea.

Claro, nos tomaríamos un helado, o dos, y después le pediría, sin más, que me diera las coordenadas del lugar donde fondeaban.

Olsen, superado el primer desconcierto, se interpuso entre la chica y yo.

Akka me miró asustada, ¿esperanzada también? Eso quise creer.

—Ella no toma helados, hombrecito. Y si los toma no será contigo. Lárgate de aquí.

—¿Cómo, que me largue? ¿Es tuyo el muelle? Enséñame las escrituras.

Había pretendido mostrarme como un tipo duro y me salió una jaimitada, como siempre, no tenía remedio. Era mi forma de eludir los problemas, con un chiste. Traté de remediarlo.

—¡Ella sabe decidir por sí sola! Y quiere venir conmigo, lo veo en su mirada. Será mejor que la dejéis en paz.

Mis pies se despegaron del suelo porque Olsen me cogió por la camiseta obsequiándome con una expresión de *bulldog*.

—Ella es menor de edad. ¿Quieres pasar los próximos diez años comiendo en bandeja de aluminio? Desaparece.

Su empujón casi me arroja al agua.

Ahto estaba metiendo ya a Akka en el BMW, casi a rastras.

—¡Akka!

Corrí hacia ella. Mis ojos encontraron sus ojos que brillaban por las lágrimas.

—¡No puedo hacer nada! —le grité impotente—. ¡Es tu padre!

—¡No es mi padre! —la oí gritar ya dentro del coche.

—¡Éste no, ése!

Quería darle a entender que yo me refería a Ahto, no a Olsen.

La puerta del coche se cerró. Arrancó y salió disparado.

Marcial se encontraba en el cuartel, reparando una moto, una Honda cromada.

Sin más preámbulo, le solté mi teoría de coordenadas y de paquetes arrojados a las aguas durante la noche.

—... La chica me enseñó unas fotos submarinas, una extraña muralla —le medio mentí, nada de contarle mi visita clandestina a la casa con el Guarro—. Por la luz, calculo que se encuentra a unos veinte metros de profundidad. Puede ser un buen punto de referencia, si la tal muralla existe y no es un montaje.

—No fumas canutos, no bebes. ¿Qué cenas para soñar tanto?

—No lo he podido soñar porque llevo tres días sin dormir.

Me miró de arriba abajo.

—¿Qué te hace suponer que ahora estás despierto?

—Pues que ahora veo las cosas en color y yo siempre sueño en blanco y negro.

Aquello pareció convencerle porque, después de quitar un par de tuercas y limpiar los pasos con un trapo, dijo:

—... A mí también me gusta el submarinismo y no he oído hablar nunca de una muralla submarina como la que tú describes. Parece algo insólito... ¿Una muralla a veinte metros de profundidad? ¿Para defenderse de los tiburones?

—No lo sé. En estas aguas no hay tiburones. Yo no soy un erudito, pero sé leer y hay enciclopedias por ahí. ¿Dónde está la biblioteca del cuartel?

—¿La biblioteca del cuartel? Ocupa toda la segunda y

tercera plantas, pero a esta hora estará abarrotada, así que tengo una idea mejor —se irguió—. ¿Podrás seguirme en tu cacharro? Iré en punto muerto, en mi moto.

Le seguí en *Espanto*, rumbo a Almería. Él iba en la Honda, a algo más de punto muerto.

Media hora después nos encontrábamos en una habitación repleta hasta el techo de libros y legajos polvorientos entre los que, como una especie de náufrago, aparecían la cabeza y los hombros de un personaje de ojos violentos, cubiertas la pechera y las hombreras de su deshilachado traje gris de la ceniza de las estacas que no dejaría de consumir. Al parecer era una especie de erudito local, una tal Curero, Corero, o Carero, algo así.

—La muralla, sí. Ah, la muralla... Todo un misterio, sí señor, vaya que sí. El capricho de algún rey o una construcción de la última glaciación, cuando el nivel del mar se encontraba veinte metros más bajo. ¿Las coordenadas? Hummm, ejem, ¡buaf! —sacó un pañuelo grande como una sábana, y amarillento, y escupió en él—. Soy arqueólogo oceanográfico, pero no sé nadar.

Y desapareció detrás de una nube de ceniza y polvo. Marcial y yo nos dedicamos a contener los estornudos mientras esperábamos.

Al fin nos llegó de nuevo la voz carrasposa.

—... A cincuenta millas de la costa, 35, 15, 22... Norte, humm... 1, 17, 13 Oeste... ¡buaf! Cuarenta metros de profundidad... Veamos... Prrrr...

Marcial y yo estábamos ya pensando en lo mismo: a cincuenta millas de la costa, para un yate como el *Alavus*, eso significaba más de tres horas de navegación, con el fondeo y el regreso eran más de ocho horas. Aquello no coincidía con el horario del *Alavus*, que no permanecía nunca más de cuatro horas en alta mar.

Yo estaba decepcionado. Mi mejor pista se acababa de esfumar.

Me dirigí a la nube de polvo y cenizas.

—¿Y otros yacimientos cerca de la costa, pecios y cosas así?

—Cuevas, cuevas volcánicas, eso son las costas de Almería. ¿Pecios? Eso son tonterías para los americanos. Cuevas volcánicas. ¿Por qué se cree usted que yo estoy aquí? Soy de Palencia. Es lo único que espero en esta vida, que uno de esos conos volcánicos entre en erupción a dos kilómetros de la costa y barra a todos los bañistas. Daría uno de mis brazos, ¡los dos!, para que sucediera algo así.

Antes de salir, Marcial, con disimulo, dejó un billete verde sobre un libro de tapas carcomidas: seguramente, el erudito no tenía frigorífico y no tomaba una comida fría hacía mucho tiempo.

Lo cierto era que yo, aunque decepcionado, me encontraba excitado. Sabía que tenía la solución entre los dedos, pero se me escapaba como si fuera arena.

Por eso me pasé en mi sesión de barrido en la calle Santa Bárbara, lo hice como un loco. El Guarro corría detrás de mí empujando el carrito.

—¿Qué haces, tío? Le vas a acostumbrar mal a Caraqueso.

Barrí *toda* la calle. Y luego, frenético, le pasé la manguera.

La puerta del número 14 se abrió, y apareció Rostro Lunar, alias Caraqueso, embutido en un pijama a rayas; parecía el desecho de una cebra.

—Así me gusta, mis muchachos, todos los días así. Que todo el mundo sepa quién es vuestro asistente social. Ahora trabajad las aceras.

Rostro Lunar desapareció de nuevo. Nosotros enganchamos el carrito y nos largamos.

Poco después nos encontrábamos en los muelles. El Guarro me seguía sin preguntarme nada, sabedor de que yo, en cualquier momento, sacaría un conejito blanco de la chistera.

Fue lo que sucedió. Salté a bordo del *Alavus*. El Guarro se quedó en el muelle, dudando.

—Vamos. ¿Qué haces? —le animé.

—Es que, tío... ¿Lo vas a guirlar otra vez?

—Y quiero que tú me eches una mano. Comienza a abrir cerraduras.

Lo mejor era hacer todo a la vista, a esa hora no había mucho movimiento de personas en el puerto; debíamos actuar como si el yate fuera nuestro.

Nos llevó unos diez minutos registrarlo de arriba abajo. No encontramos nada que despejara las incógnitas que como mariposas revoloteaban dentro de mi cabeza.

Sólo una cosa me llamó la atención: el «espejo». Una parte de los fondos del yate, apenas medio metro cuadrado, era de cristal. Para observar el fondo, sin duda. Algunos yates lo tenían.

—¿Serías capaz de poner en marcha el motor? —pregunté al Guarro.

—¿El motor?... ¿Qué motor?

Temblaba, el pobre Guarro tenía un tembleque que podía hacernos zozobrar.

—El que está debajo de tus pies.

—Es que yo, tío... Yo no he navegado. Yo no sé nadar.

—Nadie te ha pedido que te apuntes para una olimpiada... ¡A ver cómo te queda esto!

Le arrojé un chaleco salvavidas.

Cinco minutos después enfilábamos la bocana. Yo llevaba el timón.

Rumbo: veinte grados Este.

Cuarenta minutos después nos encontrábamos en el punto donde nuestro rumbo cortaba la ruta aproximada de los mercantes que se dirigían hacia el Norte.

—Ponlo al ralentí —le ordené al Guarro.

Busqué el interruptor de los focos del «espejo» y lo accioné. Eran dos potentes focos que penetraban en el agua hasta el fondo.

Calculé unos veinte metros de profundidad, rocas, algas, arena... Nada especial. Ninguna muralla submarina, ni corales, ni paquetes envueltos en plástico, ni siquiera un cadáver con un arpón en la espalda.

De vez en cuando levantaba la mirada para seguir las luces azul y roja del guardacostas que navegaba a lo largo del litoral. Era probable que les hubiera llamado la atención que hubiéramos reducido la marcha y estuviéramos navegando en círculo; nos estarían vigilando con prismáticos.

Trazando círculos cada vez más amplios, rastreamos el fondo, palmo a palmo.

Nada.

Las luces del guardacostas habían desaparecido. Ahora se veía el carrusel de focos de un gran mercante, un *bulk carrier*, en nuestra dirección.

—¿Y... eso? —Guarro y su tembleque.

—Pasará a unos doscientos metros de nosotros, no hay cuidado, y ya nos habrán visto. Bailaremos un poco.

Incliné de nuevo la mirada hacia el espejo.

Ahora el fondo era todo rocas, bastante accidentado, seguramente se trataba del suelo volcánico que nos había descrito el vulcanólogo palentino.

De pronto, un sexto sentido me hizo levantar la cabeza y volver la mirada hacia la izquierda. Me quedé petrificado: ¡una gran mole oscura se abalanzaba sobre nosotros!

Salté al timón y giré la rueda mientras le gritaba a Guarro como un loco:

—¡El motor, el motor! ¡Marcha, marcha!

El casco, gigantesco, oscuro, como un gran monstruo abisal que acabara de emerger, se deslizó rozando nuestra amura de babor. ¡Las hélices!

Nos salvó que el *Alavus* respondiera perfectamente, poniéndole popa al gigante. Tuve la impresión de que el oleaje, más que hacer bailar, bamboleó todo el planeta. Se necesitaría mucha agua caliente y una espátula para despegar las manos de Guarro, aferradas al salpicadero: todo él parecía de yeso.

Logré ver, en la amura de popa del monstruo, un nombre en grandes letras amarillas: *Vainaimoinen (Suomi).*

—¡No has tocado la sirena! —le grité al gigante, invitándole, retador, a que diera media vuelta y me plantara cara.

Continuamos nuestra búsqueda durante otra hora... Rocas, algas y arena. Eso era todo.

Apagué los focos del «espejo»

—Aquí hemos terminado.

—¿Adónde vamos ahora?

—A Aguadulce. Dejaremos el yate allí. Regresaremos a Almería en autostop.

—Entonces, tío..., van a saber que se lo hemos robado.

—Es lo que quiero. Pero no nos denunciarán, descuida. Quizás podamos darnos un paseo todas las noches.

—Con el Guarro no cuentes.

Sí, la clave estaba en Akka. Ella tenía que conocer las coordenadas del punto de encuentro. Y algo me decía que no le importaría revelármelas. Estaba seguro de que era sincera cuando me habló de fotografía submarina. Debía de encontrarse sumida en un mar de dudas.

También yo tenía mis dudas. Era curioso: lo único sólido que había encontrado hasta entonces, suficientemente sólido para continuar adelante, había sido la mirada de odio de Luglio alejándose del muelle. Nunca la olvidaría.

Dejamos el *Alavus* sin problemas en el pequeño puerto de Aguadulce. Una furgoneta Volks nos llevó caritativamente de regreso a Almería.

Serían las siete, acababa de salir el sol, cuando, en *Espanto*, me dirigí de nuevo al cortijo. Debía hablar con Akka a cualquier precio, antes de que se fuera.

Olsen y Ahto dejaban el cortijo cada mañana, no sabía a qué hora, sólo que, hacia las once, aparecían en el puerto. Pero no estaba dispuesto a esperar para encontrarla sola. Les haría frente.

Mi nombre es Cruz Fierro, amigo.

Ya desde el camino vi con sorpresa que todas las ventanas del cortijo estaban herméticamente cerradas.

Parecía abandonado. No estaban por allí aparcados ni el BMW ni la pequeña moto. Las sillas y tumbonas se hallaban recogidas, y los tiestos y jardineras cuidadosamente agrupados debajo de la morera y el almez para facilitar su riego. Un cerco de humedad rodeaba la base de uno de los tiestos; toqué la tierra, estaba húmeda: no hacía mucho que lo habían regado.

Llamé un par de veces a la puerta de la casa, pero sin convicción. No había nadie.

Si Akka se había ido, todo había terminado.

—Sólo hay fantasmas.

Di un respingo. La voz había sonado a mi espalda. Cuando me volví me encontré con el rostro tranquilo de Marcial, un poco difuminado por el humo de un pitillo.

—¿Fantasmas? ¿Cómo lo sabe?

—Porque su yate ha zarpado, no está amarrado al muelle. Por eso estoy aquí, para asegurarme de que se han ido.

Él no sabía que el *Alavus* estaba en Aguadulce, ni que

los tiestos habían sido regados hacía poco. Si se habían marchado no había sido en el yate.

—¿Sigue pensando que yo robé el yate?

Me estudió durante un par de segundos.

—Sí.

—Entonces, para usted soy un ladrón.

—Sólo un aficionado. ¿Qué haces aquí?

—Me gustaba la chica. Iba a invitarla a salir esta noche.

—¿A barrer calles?

—¿Por qué no? ¿Usted nunca lo ha hecho?

—¿Invitar a una chica a barrer una calle? No. ¿Y no es un poco pronto para visitar a una chica?

—¿Pronto? Son ya las siete y media —le contesté tranquilo.

Llamé de nuevo a la puerta, sólo para no darle la razón.

—Tacha su nombre de tu agenda. Yo siento más que tú que esos pájaros hayan volado. Creí que tú me harías ganar puestos en el escalafón, pero estaba equivocado.

—En el cuartel harán un par de chistes a su costa. Tómelo deportivamente.

—No me los dirán a la cara.

Su expresión, cruda, dio a entender que no, que no se los dirían a la cara.

Expulsó el humo con fuerza en mi dirección, dio media vuelta, se subió a su Honda y se esfumó.

Conduje despacio de vuelta hacia Almería, con la mente en blanco.

Espanto me dejó oír su renqueante voz:
—¿Adónde vamos ahora?
—Al aeropuerto. ¿Estás ciego?
—Tranquilo... ¿Quieres ver despegar los aviones?
—Sólo el de Madrid.

Sí, sólo el de Madrid. Yo había tomado ese vuelo una vez, sabía que era a primera hora de la mañana. Barajas: aeropuerto internacional.

Ya en el aeropuerto, me dirigía hacia el mostrador de información cuando me detuve. Mis cinco sentidos captaron la presencia de Akka no muy lejos de allí.

Moví el radar y no tardé en localizarla. Allí, al fondo del vestíbulo de salidas, dándome la espalda, entre Olsen y Ahto.

Necesitaba llamar su atención. Estudié el monitor con los horarios de salidas. El vuelo a Madrid era a las 9.35. Faltaban diez minutos para las ocho, así que tenía tiempo. Olsen y Ahto habían ido con mucha antelación al aeropuerto, impacientes por marcharse: sin duda, la desaparición del *Alavus* los había alertado.

Comenzaron a moverse. Lo hicieron lentamente hacia una de las puertas de embarque. Si no cambiaban el rumbo, cruzarían a un par de metros de donde me encontraba, oculto detrás de una columna. Sería el momento de llamar la atención de Akka.

Entonces lo comprendí. Olsen había abierto su cartera de mano y sacado unos billetes. ¡Iban a embarcar! En la puerta de embarque se había congregado un grupo de personas de aspecto nórdico capitaneadas por una guía morena, de uniforme. Angustiado, consulté el monitor de nuevo: ¡a las 8.30 partía un vuelo *charter* para Copenhague!

—¡Akka! —grité, abandonando mi escondite.

Había escogido el peor momento para gritar: los motores de un avión que aterrizaba ahogaron mi voz. Akka no me había visto ni oído. Grité de nuevo:

—¡Akka!

La megafonía, que anunciaba a todo volumen el vuelo a Copenhague, coincidió con mi grito.

Olsen me había visto y arrastraba a la chica hacia la puerta de embarque. Se abrió paso a codazos y presentó los billetes.

—¡Akka!

—¿Qué estás diciendo? —me interpeló la guía de uniforme, furiosa—. ¡Es allí, idiota, en esa puerta, no «acá»!

Entonces Akka volvió la mirada fugazmente. Su rostro reflejaba tristeza y desconcierto, también lejanía y misterio. La contemplé como algo bello y remoto, inalcanzable. Yo sólo era un ex recolector de algas, un mediocre barrendero, y ella una diosa a punto de volar hacia las brumas del Norte, donde no anidan las cigüeñas.

Desapareció al otro lado de la puerta.

Una pareja de policías uniformados venía hacia mí, observándome con curiosidad.

Hundí las manos en los bolsillos y di media vuelta. En el mostrador de información, para disimular, le pregunté a la señorita si había algún vuelo para Palencia. Me contestó que tenían programados media docena de vuelos diarios para cuando Palencia dispusiera de aeropuerto.

Permanecí en la terraza de visitantes hasta que vi despegar el avión.

Y transcurrieron once meses, compañero.

Durante todo ese tiempo, mi única dedicación, desde la mañana a la noche, consistió en buscar trabajo. En el puerto había libres unas cuantas plazas de chupatintas, pero no me quisieron contratar, sin darme ninguna explicación. No la necesitaba: sabía que en los muelles se me empezaba a conocer como «el bucanero».

Me había pateado también parte de la provincia, sin encontrar otra cosa que puertas cerrándose en mis narices.

Lo más importante que hice en aquellos once meses fue pasear por la calle de los Recuerdos.

Mis reservas se habían agotado, debía un mes de pensión, y al final había tenido que recurrir, como siempre, a mi tío Simón, que a vuelta de correo me había enviado un cheque generoso, «a devolver».

Así que tenía suficiente para ponerle neumáticos nuevos a *Espanto*, pasarlo por el lavado automático (*¡brrrrr!*) y llenarle el depósito para escapar de allí.

Entonces llegó la carta.

Un sobre alargado, azul; en el sello, el rostro de un anciano, la bandera blanca con una cruz azul y la palabra Suomi. Y, dentro, sólo dos fotografías.

Las estudié de nuevo. En la primera salían los cuatro tripulantes del *Alavus*: los dos hermanos gemelos, Ahto y Ahti, como se indicaba en el reverso, y Olsen y Akka.

Aquélla era la solución lógica, la que mi subconsciente había supuesto, pero no logró verificar. Y Akka era hija del muerto, de Ahti, eso daba a entender el brazo de su padre sobre sus hombros y el de ella ciñendo su cintura.

La otra foto era una vista aérea de parte de la bahía de Almería, una foto vulgar, sin valor artístico. Y en el reverso aquella canción, aquella especie de trabalenguas para un nórdico estudiante de español que tanto divertía a Akka:

> *San José y la gata*
> *orinan,*
> *ella en la garrafa,*
> *él en la mina.*

Y nada más. No había nada más, sólo aquellas dos fotografías. Ninguna carta, ningún mensaje. Tampoco el sobre tenía remite, pero no me cabía duda de que lo había enviado Akka: el sobre azulado, la letra casi de niña... y... algo más. *Ella* en todo el papel, en el último rincón del sobre. Lavanda de Puig.

¿Por qué me había enviado aquellas fotos? Casi un año después de su última mirada cargada de melancolía en el aeropuerto de Almería. Sin una carta, sin un mensaje.

Estuve dándole vueltas y no encontraba ninguna explicación.

Y lo que son las cosas, la explicación llegó de casualidad.

Yo me había despedido ya de los pocos amigos que me quedaban en el puerto y no tenía intención de volver por allí. Pero, cuando me dirigía con *Espanto* hacia La Chanca para despedirme de la madre del Guarro (éste se encontraba de nuevo en la trena y sólo podía despedirme de él por paloma mensajera), entré en los muelles para evitar los semáforos de la Ronda, aquél era un atajo que conocíamos los que nos movíamos por el puerto.

Entonces lo vi. Mis ojos distraídos se fijaron en él. Mejor dicho, en ella: una bandera blanca con una cruz azul, como la del sello, Soumi, en la popa de un yate de dos palos, de unos diez metros, amarrado a uno de los muelles flotantes. Era un buen yate. El nombre de la amura decía *Tuoni*.

Reduje la velocidad hasta detenerme. Sin pensar en nada, con la vista clavada en aquel yate, mientras una pequeña voz me zumbaba en los oídos y me decía que la presencia de aquel barco allí estaba relacionada con la llegada de la carta.

Mi espera, de unos veinte minutos, tuvo su recompensa. Una de las escotillas del yate se abrió y por ella apareció Olsen.

Se había dejado barba y ahora vestía una especie de blusón azul marino, pero era Olsen, sin duda. Llevaba un periódico o una revista en la mano. Miró hacia el agua, inclinándose en la borda, y luego se sentó en una tumbona, abrió la revista y se puso a leer.

Me moví de nuevo conduciendo despacio, pensativo. Salí de los muelles y giré en redondo, poniendo de nuevo rumbo a la pensión.

Algo excitado ya, estudié las dos fotos más a fondo. Ahora estaba seguro de que en ellas había un mensaje.

En la primera, Akka me decía claramente que eran dos hermanos gemelos y que uno de ellos había sido su padre. Yo recordaba haberle dicho que la muerte del hombre del agua había sido violenta y ella me informaba ahora que el hombre muerto era su padre. ¿Entonces? Al parecer trataba de abrir en mí una interrogante.

Concentré mi atención en la segunda foto, la de buena parte de la bahía de Almería.

Era una fotografía anodina, sin belleza. Tres cuartas partes eran sólo agua, con algún pequeño barco, y el resto parte de la costa, desde el cabo de Gata a Roquetas.

Leí una vez más los versos del reverso:

> *San José y la gata*
> *orinan,*
> *ella en la garrafa,*
> *él en la mina.*

Bajé a la calle y cogí de la guantera de *Espanto* el mapa de carreteras. Lo desplegué sobre el capó y comencé a estudiarlo.

La excitación, poco a poco, me fue invadiendo.

... Almería... El Alquilán... Cabo de *Gata*... *Gata*. Gata, gata, gata... ¡Bingo! Eso ya era algo... Torres de la Vela Blanca... El Pozo... Escullos... San José... *¡San José!*...

Zzzzz... zzzz... Mis radares trabajaban a todo gas, buscando, rastreando...

... Los Nietos... Atochares... Huércal... Énix... *¡Garrofa!*, ¿eh? No Garrafa, sino *Garrofa*, me acordaba de aquel nombre. ¿Dónde demonios estaba? Existía. ¡Yo sabía que existía! Un pueblo, un accidente en la costa, el pico de una montaña. Algo. Zzzz... zzzz... Huércal otra vez... Pechina... Rioja... Roquetas... Aguadulce... Félix... Énix... ¡Cielos, no! ¡Era una maldita playa, yo me había bañado en ella!

¡Allí la tenía! ¡Playa de la *Garrofa*! ¡No *Garrafa*, maldita sea!

Me encontraba como si me hubiera bebido dos litros de café, como si un alambre acerado me oprimiera el estómago a punto de cortarme en dos.

... ¡La Mina! ¡Allí la tenía también, en la montaña! Era el último de los cuatro nombres. Cuatro puntos bien visibles por la noche desde alta mar.

Mi dedo trazó una temblorosa coordenada sobre el mapa... Luego otra..., y un punto impreciso surgió en el azul del mar.

Pensé salir corriendo, pero no sabía adónde ir. Dentro de unos minutos abandonaría aquella ciudad, pero ahora tenía la sensación de que ya no lo haría huyendo.

Regresé a mi habitación. Me senté en la cama y taché en la foto donde salía el *Alavus* el nombre de la amura y puse *Tuoni*. Luego metí las dos fotos, incluido el sobre de Akka, en un sobre grande y escribí en él: Cabo (dentro de poco Sargento) Marcial, Cuartel de la Guardia Civil, Níjar. Tampoco puse mi remite porque no merecía que le ascendieran a sargento si no sabía quién le había enviado aquellas fotos.

La eché al buzón cuando estaba saliendo de Almería, antes de tomar la variante de la autopista.

—*¿Me permites tomar el mando, colega?* —me preguntó Espanto—. *Gracias por llenarme el depósito.*

—*La carretera es toda tuya. ¿Adónde me llevas?*

—*A cualquier lugar donde aniden las cigüeñas.*